D1870660

Paul Nizon

Parisiana

Paris | Passagen

Paul Nizon

PARISIANA

Herausgegeben und mit einem
Gespräch von Martin Simons

Matthes & Seitz Berlin

PARISER LEBENSLAUF

Ich bin als Gymnasiast 1947 auf Einladung meiner französischen Tante, einer energischen Dame, die ich im »Jahr der Liebe« beschreibe, erstmals nach Paris gekommen, zwei Jahre nach dem Zweiten Weltkrieg. Ich war fast noch ein Kind, keine siebzehn Jahre, die Zugfahrt dauerte eine Nacht.
Paris im Licht der wiedergewonnenen Freiheit und der Lebensmittelknappheit, schöne junge Frauen auf den Straßen, die sich nicht gerade für ein Päckchen Zigaretten, doch höchstwahrscheinlich für ein paar Nylons anboten. Außerdem gab es englische und amerikanische Uniformen auf Schritt und Tritt, Urlauber aus den deutschen Besatzungszonen. Und mit den GIs tauchten neben den erwähnten Nylonstrümpfen Chewing-Gum und Coca-Cola, Virginiazigaretten, Jazz und Jeans als Vorboten eines bald einmal weltweit übernommenen amerikanischen Lebensstils auf.
Meine Tante wohnte unterhalb von Pigalle an der Rue Condorcet, ich führte ihren Foxterrier aus, vornehmlich auf der Avenue Trudaine, ich bestaunte das Steckenbrot, die Baguette, eine Art Reliquie, und sog den Duft der pariserischen Mülltonnen andächtig in mich ein, alles roch anders als bei uns in Bern, auch das Innere der Treppenhäuser mit den mit weichen Läufern belegten Stiegen, es roch vornehm bitterlich, eine Woge von Pariser Wohnvorstellungen auslösend.
Paris war nicht meine erste Auslandsreise, jedoch die erste Weltstadt. Ich kannte sie aus der Kraft des Wünschens längst

von Filmen, Chansons, Büchern und Bildern. Paris war ein Roman, und mit jedem Schritt durch die allerschönste der Städte trittst du in diesen Roman.

Die Tantenbesuche waren fortan meine Brücke nach Paris, so wie es später, nach meinem Studium, die Besuche bei meinem Schwippschwager, dem Maler Sandro Thieme, waren, der sowohl die Luftschlacht um London wie Monte Cassino (das man als das italienische Verdun bezeichnet) überlebt hatte, desertiert und unmittelbar nach dem Krieg als Baumeister-Schüler auf Picassos Spuren nach Frankreich gekommen war. Ich war mit der Schwester seiner Frau verehelicht und schrieb damals Kunstkritiken für die »Neue Zürcher Zeitung«, ein Blatt, das dreimal täglich erschien und Adenauers Morgenblatt genannt wurde, wohl weil es aus dem Blickwinkel der neutralen international versierten Schweiz berichtete. Übrigens ist Monte Cassino von französischen (ehemals Kolonial-)Truppen, speziell von den senegalesischen Scharfschützen und Marokkanern geknackt worden, es war zusammen mit El Alamein die erste siegreiche Schlacht der zusammen mit den Alliierten kämpfenden Truppen des freien Frankreich.

Paris ist neben anderem die Stadt der Liebe, ich schrieb irgendwo, die eigentlichen Monumente von Paris seien die Liebespaare, ja, die ganze Stadt ein Liebesversprechen, das Schäferstündchen das höchste der irdischen Vergnügen, nein, Glücks.

Wenn ich von der Zeitung nach Paris geschickt wurde, dann zu Großausstellungen von Maillol, dem Douanier Rousseau, Léger, den Symbolisten Vuillard und Bonnard oder Vertre-

tern der neutönerischen École de Paris mit der informellen Gestenkunst oder Psychismen.
Picasso und Sartre waren Leuchtpunkte, es war ja die Epoche des Existenzialismus, und einmal hatte ich zusammen mit meiner Schwester im Keller des Vieux Colombier in Saint-Germain getanzt zur Musik des Orchesters Claude Luther mit Sidney Bechet.
Die Tante starb 1973 und hinterließ mir ihre kleine Wohnung in Montmartre. Übrigens hatte bereits meine Mutter eine Pariser Tante, Gattin eines Apothekers, die sie in meiner Kindheit zuweilen besuchen ging. Diese Tante kam siebenundsiebzigjährig zu uns nach Bern, nachdem ihr Mann gestorben und sie nach einem Unfall und langem Spitalaufenthalt zusammengeflickt und genesen war. Sie war die Schwester der ebenfalls bei uns wohnenden Großmutter und lebte zusammen mit einem Hündchen namens Fleurette bis zu ihrem vierundachtzigsten Lebensjahr unter unserem Dach. Zu dieser Tante war meine Mutter in jugendlichen Jahren nach Paris zu Besuch gefahren. Wenn sie zurückkam, erzählte sie von Pferderennen und war pariserisch elegant gekleidet. Übrigens war ich nach meinen Tantenbesuchen auch neu eingekleidet, als Inhaberin eines bescheidenen Modesalons kaufte meine Verwandte bei einem Grossisten ein. Unsere Pariser Ausrichtung war also auch familiengegeben.
Paris war damals nach dem Krieg eine finstere Stadt, Notre-Dame war schwarz, die hohen Bürgerhäuser, die Mauern waren schmutzig schwarz und erhielten erst nach der von De Gaulles Kulturminister André Malraux veranlassten Reinigung ihre hellen Fassaden zurück.

Sandro Thieme, wie ich ihn in meinem Roman »Das Jahr der Liebe« nenne, war eine lebendige Lektion für das, was damals Pariser Künstlerleben bedeutete, unbezähmbare schöpferische Unternehmungswut, Innovation und materielles Durchbeißertum. Er hat mich auf Céline und Henry Miller gebracht, die beide auf dem Index, d. h. verboten waren – pornographiehalber. Ich selbst las damals gerade Pasternak.

Paris war die überwältigende Erfahrung von Schönheit als Architektur und Stadtgestalt, es war, der Kolonien wegen, die unerhörte völkische Durchmischung – starke Präsenz Afrikas und Indochinas, in der damaligen Schweiz unbekannt. Es war die in der steinernen Artikulation dargebotene Versichtbarung nicht nur der französischen Vergangenheit, sondern auch der Weltgeschichte; und in der Luft, im hellsten Himmel der Welt, der Geisterchor der schöpferischen Geister, die hier als Scholaren angekommen waren und die die Stadt entbunden und zu ihren kühnsten Taten angeleitet hatte. Herausforderung, Anmachung. Und nicht zu vergessen das Gran Trübnis oder Tragik, das zu jeder Humanität gehört. Und es war die Stadt der Revolution, der Befreiung, auch von den Deutschen – Liberté Égalité Fraternité. Und es war die permanente Revolution der Kunst. Nach Fauvismus und Kubismus dominierten damals nach dem Krieg in der sogenannten École de Paris Wols, Fautrier, Soulages, Dubuffet, Mathieu, Klein und, für mich im Zentrum des Interesses, Nicolas de Staël die Szene: Abstraktion, Action Painting, Psychismen. Nicht zu vergessen die von den Italienern eingebrachte metaphysische Malerei und der alle Disziplinen unterminierende Surrealismus. Und nicht zu vergessen die neben Hollywood und Italien bedeutendste Filmindustrie.

Natürlich wollte ich in diesem Milieu, in diesem Magma untertauchen und vielleicht bestehen. Oder ich hätte durch diese Schule, durch diese Prüfung, nun, mich wagen wollen. Doch war daran noch nicht zu denken, denn nach dem Studienabschluss und einer mehrjährigen Assistentenzeit traten zwei andere Städte in den Vordergrund: Rom, das meine künstlerische Geburtsstadt werden sollte und mich für das Wagnis »Canto« rüstete, und London, in dem ich den Großteil des Antiromans »Im Hause enden die Geschichten« verfasste.

Erst 1973 wagte ich mich erstmals für ein paar Monate nach Paris in Klausur. Ich wohnte bei einem Landsmann, der dort einen Buchladen und einen Verlag betrieb. Im selben Jahr starb meine Tante, und seitdem hatte ich die Tantenwohnung an der Rue Simart im Dix-Huitième, das »Schachtelzimmer«, zur Verfügung.

Paris trat also erst im Verlauf der siebziger Jahre in die Realität meines Schriftstellerlebens. 1977 übersiedelte ich endgültig dahin, mitten in einer Scheidungs- und Schreibkrise, ausgelöst durch eine Liebesvergiftung, wie ich es auch schon genannt habe, und zwar nach dem Roman »Stolz«, in welchem ich den jugendlichen Protagonisten im deutschen Spessartwald sterben ließ. Woher den nötigen Lebensmut, woher eine Neuorientierung nehmen? Die Abwanderung nach Paris war eine Flucht und ein Selbstrettungsversuch.

Zu Paris in helvetischem Zusammenhang ist zu bemerken, dass früher Schweizer Künstler in Ermangelung heimischer Kunstakademien und einer ausgewachsenen Kulturhauptstadt (Kultur ist in der Schweiz Gemeindeangelegenheit) nach Deutschland oder nach Frankreich – früher war Rom unabdingbar – ausschwärmten, um den Puls der Zeit zu fühlen oder wenigstens die neueste Mode kennenzulernen. Zürich war eher nach Deutschland ausgerichtet, Bern traditionell nach Frankreich. Im alten Bern sprachen die patrizischen, die regierungsberechtigten Familien Französisch – wie zu Zeiten Friedrichs des Großen in Berlin oder am russischen Hof. Die Söhne der Gnädigen Herren gingen an den französischen Hof, manche brachten es zu hohen Würden und wurden geadelt.
Zurück zu den Künstlern. Für sie war Paris nicht nur Ankurbelung, Inspiration, sondern auch Sprungbrett. Die Namhaften unter den nach Paris emigrierten Schweizern wie Alberto Giacometti, Le Corbusier, Cendrars, Ramuz, Vallotton wurden weltberühmt. Heute noch ist die Stadt, wenn auch nicht mehr Kulturhauptstadt der Welt, so doch unentbehrliche Drehscheibe für Karrieren.
Es gibt in der Schweizer Literatur zur Zeit der geschlossenen Grenzen einen Roman von Albin Zollinger, »Die große Unruhe«, der den Sachverhalt schildert. Auch Ludwig Hohls frühes romanähnliches Buch mit dem Titel »Aus der Tiefsee. Paris 1926« handelt von dieser Thematik.
Mich hat nicht nur der Drang nach einer unumschränkt freien Künstlerexistenz nach Paris getrieben, sondern auch die Hoffnung auf Selbsterneuerung, wenn nicht Neugeburt,

allerdings durchmischt mit Bangen. Die Stadt hatte so viele Künstler und Dichter zum Eigensten angespornt. Und ans Licht gebracht. All die großen Namen, die den Pariser Himmel bestirnten.

Es war der Prüfstein namens Paris, vor dem mir bangte. Was steckte in mir? Was würde sie aus mir machen? Ich wollte ja in dem neuen Kultur- und Sprachraum nicht einfach ein schweizerischer oder deutschsprachiger Außenposten und Ableger werden, ich wollte mich dieser Stadt einschreiben, einverleiben; ich wollte ihr, die immer noch der Inbegriff von Dichtung und Künsten war, namhaft angehören.

Ich kam an die zehn Jahre nach dem Mai 1968 an. Chirac war Oberbürgermeister und Giscard d'Estaing Präsident. Rückblickend denke ich, dass der Rassismus ausgeprägt war, der Algerienkrieg lag ja noch nicht weit zurück mit der Zerfleischung zwischen Kolonisierten und Kolonialherren, mit Attentaten, größter Grausamkeit auf beiden Seiten und Folter, man bekommt ein genaues Bild davon im Film von Pontecorvo »La Bataille d'Alger«, ein unentbehrliches Dokument und großes Filmkunstwerk.

Nach dem Krieg kamen die Algerier, die jeweilen als Kanonenfutter einberufen und an den französischen Fronten gestorben waren, für den Wiederaufbau als Arbeitskräfte wieder nach Frankreich. Sie wurden in den großen Städten in den Vorstadtkasernen und Wohntürmen »interniert« und hielten sich still und im Straßenbild möglichst unsichtbar – von Integration konnte keine Rede sein, wie es später die bürgerkriegsähnlichen Aufstände ihrer jugendli-

chen Nachkommen in den Banlieues oder Vorstädten zeigen sollten. In dem Viertel der Tantenwohnung lebte ich lange unter Nord- und Schwarzafrikanern: Mein Essay »Im dunklen Erdteil von Paris – über den Rassismus in dir selber« handelt davon.
An die acht Jahre verbrachte ich in dem wie man hier sagt populären Viertel, das mich anfangs als fremdartiges Exotikum faszinierte, indem es mich von der nagenden Einsamkeit ablenkte, im Verlauf der Zeit aber zusehends bedrückte, weil außer barer Notdurft einfach keine Gedanken, vor allem beschwingte oder erhebende Gedanken, in der Luft zu zirkulieren oder überhaupt erlaubt schienen. In diese Zeit fällt meine Heirat mit einer Französin, die meine Leser aus meinen Büchern kennen; sowie die Entstehung und Veröffentlichung des Romans »Das Jahr der Liebe«, meines ersten großen Paris-Buches, das mir die Aufnahme in das pariserische Literaturleben verschaffte und große Anerkennung weit über die Grenzen hinaus einbrachte. Der Übersetzer Jean Louis (vicomte) de Rambures, inzwischen verstorbener Spezialist für deutschsprachige Literatur, vor allem für die Zeitung »Le Monde«, hat das Verdienst, mich dem französischen Sprachraum zugänglich gemacht zu haben.
Um 1985 folgte der Umzug vom Dix-Huitième ins erste Arrondissement, in die nächste Nähe des Palais Royal mit Sicht auf den Louvre und die Tuilerien, gleich neben der Comédie Française: Hier kann man wirklich von einer königlichen Architekturkulisse sprechen, hier hat die Stadt Flügel. Und in nächster Nähe der Garten des Palais Royal, der intimste

Park von Paris, ein Ort zum Sinnen und Träumen, historisch das Stelldichein von Erotik und Revolution, was hier beides nach wie vor in der Luft liegt – welch ein Kontrast zu den (milde ausgedrückt) volkstümlichen Zonen rund um die Tantenwohnung.

Fünfundzwanzig Jahre genoss ich den Vorzug, in der nächsten Nähe des königlichen Gartens wohnen zu dürfen, und mehrmals träumte mir von einem eigenen miniaturkleinen Haustheater in meinen Räumen. Ich fragte mich, ob das hauseigene unbespielte Theaterchen mit der benachbarten Comédie Française zusammenhänge, ein Rätsel, wo ich normalerweise zu Theatern kaum Kontakt und wenig Neigung habe.

Die Poetikvorlesungen »Am Schreiben gehen«, mehrere Bände Essays, das in sieben Caprichos unterteilte Prosabuch »Im Bauch des Wals«, ein Hauptwerk, und Tausende von Journalseiten entstanden hier im Laufe der vielen Jahre, allerdings unter Benutzung etlicher Schreibateliers in den verschiedensten Ecken von Paris.

Was bin ich in Autobussen, der Metro, zu Fuß und im eigenen Wagen in dieser aufregenden Stadt herumgekommen, unterwegs zu den Schreibbuden, meinen »auswärtigen Ämtern« und abends zurück. Ab 1989 auch zu Kinderkrippen, Kindergärten und Schulen, denn in diesem Jahr wurde uns ein Junge geboren, der im Unterschied zu mir Franzose und geborener Pariser ist und heute ein studierter junger Mann.

Hier noch ein Wort zu den wechselnden Präsidenten. Nach dem von De Gaulle eingerichteten und auf seine Person zugeschnittenen französischen Regierungssystem ist der Präsident mit einer für westeuropäische Verhältnisse einzigartigen (monarchenähnlichen) Machtbefugnis ausgestattet. Die Persönlichkeit des Landesvaters färbt dadurch auf das Klima der Gesellschaft und das Befinden des einzelnen Bürgers ab. Ich habe bei jedem Regierungswechsel den Klimaunterschied gleich aufs deutlichste empfunden. Am wohlsten war mir unter Mitterrand, nicht weil er der Tüchtigste oder ein unfehlbarer Präsident gewesen wäre, sondern weil er es dank seines Niveaus (seiner Kultur und Geistigkeit) erlaubte, den Traum von Gerechtigkeit und Freiheit, vor allem aber den Glauben an Humanität aufrechtzuerhalten.

Ich bin ein unverbesserlicher Großstadtnarr, mir kann die Stadt mitsamt dem Lärm nie groß genug sein, nämlich bis zur Betäubung, bis zum eigenen Untergang. Natur ist göttlich, Stadt ist Menschenwerk. Das Erste bei der Gründung einer Stadt ist die Austreibung der Natur, an deren Stelle die steinerne Bühne tritt, die über die vergangenen Jahrhunderte hinweg bis in die Gegenwart das vielfältigste menschliche Geschehen beherbergt. Stadt ist Geschehen, ummauert von Gedächtnis. Und das Geschehen ist Deutung der menschlichen Art und Existenz. Stadt ist Schönheit und Aufruhr, Schönheit in allen Ausdrucksweisen quer durch die Zeitläufe. Stadt ist Animierung, Maßstab, Belehrung, vor allem Freiheit, Emanzipation. Demgegenüber wäre Natur Einsamkeit zu Gott.

Eine Stadt wie Paris ist nie auszudenken, geschweige denn auszuloten, weil übermächtig. Mir hat sie zu der mir zubestimmten Gattung, dem Stadtnomadentum mit Ingredienzien des Künstlerromans und der Chronik des Ich, verholfen. Stadt dein Gefangener, schrieb ich irgendwo.

Paris, November 2014

Man geht nach Marseille, mais on monte à Paris. Je suis monté à Paris, sagen Franzosen, die es zu etwas gebracht haben. Das Wort »monter« deutet natürlich nicht nordwärts, wiewohl eine Himmelsrichtung, wenn auch ganz anderer Art, gemeint sein mag. Diese Formulierung verweist auf einen Aufstieg – zu einem Gipfel. Eines Tages hat der junge ambitiöse Mensch den Schritt gewagt und sich aufgemacht. Es gehörte allerhand Mut dazu, doch war es unausweichlich, alle Wege zu einer großen Karriere führten auf Gedeih und Verderb über Paris. Es klingt in dieser Wortwahl eine gewisse Ehrfurcht an, und natürlich schwingt in der Vokabel »hochsteigen« auch die Hoffnung auf Emporkommen mit.

Paris ist neben London die wohl einzige Stadt in Europa, die den Namen Weltstadt verdient. Was sind die Charakteristiken einer solchen? Erstens eine Größenordnung, für die nur der Begriff des Unermesslichen ausreicht, Megalopolis. Unermesslichkeit des Häusermeers wie des Menschengewimmels, der Zirkulation, des Geschehens, der Angebote von Arbeit, von Markt und Moden und Kultur. Unausschaubarkeit der Prachtentfaltung. Alles in allem eine Größe, die jegliche Fassungskraft übersteigt.

Zweitens das Weltbedeutende. Eine solche Stadt bildet Welt ab in den Gebärden der Architektur – das ganze Stadtgefäß ein steingewordenes Gedächtnis von Weltgeschichte. Sie spiegelt große Teile der Welt in ihrem Völkergemisch, im

Gemisch der Hautfarben, Herkunft, Religionen, Kulturen, Mentalitäten. Sie funktioniert und vibriert polyzentrisch. Sie versichtbart das Gesagte im Zeichen der Gleichzeitigkeit, sie ist das Exemplum der Verräumlichung von Zeit.
In Lobeslettern ausgedrückt:
Sie ist die gewaltigste Verdeutlichung von Leben, Lebensgetümmel. Sie ist die komplexeste Verdichtung von Wirklichkeit und Gedächtnis. Und die leuchtendste Summe von denkbarer, nein, unausdenkbarer Gegenwart, ein anarchisches Geräusch. Sie ist Synonym von Fremde, Fremde als Verlockung. Sie ist die fremde Geliebte, die nie zu erobern sein wird, die Betörung. Gegenstand unaufhörlichen Wünschens. Übermacht Ewigkeit. Ihre Mauern lösen deine Erinnerung ein.
Drittens die brodelnde Ideenküche oder, wie es einst hieß: die Lokomotive des Fortschritts. Das Laboratorium der Zukunft. Aufgrund des unabsehbaren Innovationspotenzials, aufgrund der Ballung geistiger Kräfte und des Wettbewerbs ist die Weltstadt Magnet für den unternehmerischen und vor allem schöpferischen Zeitgenossen.
Der Gegensatz zur Weltstadt hieß verächtlich Provinz. Wer aus der Kleinstadt, einer Provinzhauptstadt oder auch regionalen Großstadt in die Weltstadt aufbrach, wollte die Provinz abstreifen und ein Mann von Welt werden, was immer auch einschloss, sich auf die Höhe der Zeit zu schwingen oder doch ihren Puls zu messen. Die Hoffnung war ferner, sich selber ans Licht zu bringen und sein Glück zu machen. Und hinter allen Verheißungen winkte die Verlockung der Freiheit.
Paris war die Hauptstadt des 19. Jahrhunderts, alles ging anscheinend von Paris aus, was neu war und Weltgeltung

beanspruchen durfte, die Lebensart, die Mode, sogar die Liebeskunst, die geistige, die künstlerische Innovation. Um bei der Bildenden Kunst zu bleiben, welch eine Kette der Innovation, beginnend mit dem Realismus der Freilichtmaler, die den Kanon der höfischen und mythologischen Themen sprengten und sich einer neuen Wirklichkeitsbemächtigung zuwandten, die über den Impressionismus samt Pointillismus, Divisionismus, Symbolismus, die Nabis, die Fauves, die sogenannte Art nègre bis zum Kubismus und Surrealismus führte, bis zur abstrakten Kunst mit Inhalten und Vorstellungen, die sowohl mit der Relativitätstheorie wie mit der Tiefenpsychologie korrespondieren. Eine erstaunlich lange Reihe künstlerischer Revolutionen, die ohne die Französische Revolution, d. h. die Zertrümmerung der Monarchie und die Erstreitung der republikanischen Freiheit und bürgerlichen Gedankenfreiheit, nicht denkbar ist. Eine vergleichbare Avantgarde hat ja auch die Russische Revolution vorübergehend hervorgebracht. Paris war der Vorort künstlerischer Innovation weit in unser Jahrhundert hinein, wenn auch mehr und mehr überschattet von angloamerikanischen Brennpunkten – insbesondere New York und später London, der Hauptstadt der Pop- und Jugendkultur. Bis zu Beckett und Picasso blieb Paris ein kultureller Mittelpunkt. Bei der Nennung dieser Namen sei auf ein weiteres Phänomen der Weltstadt hingewiesen, ich nenne es die Funktion der Entbindungsanstalt. Beckett wie Picasso sind erst in Paris zu ihrem Eigensten gekommen, wie viele andere, wie van Gogh. Van Gogh wäre ohne Paris womöglich ein holländischer Genre- und Schwarzmaler geblieben, wenn auch ein bemerkenswerter. In der Konfrontation mit der damaligen impressionistischen Avantgarde hat er innerhalb von zwei Jahren nicht nur zu seinem Stil, sondern zur Farbe gefunden und kurz danach zu einer Kunst, die ihn neben Cézanne zum bedeutendsten Neuerer der damaligen Moderne werden ließ.

Ähnliches könnte man über Rilkes Paris-Erfahrung und seine Lehrzeit bei Rodin sagen, über die Amerikaner der *Lost Generation*, über Hemingway, Fitzgerald, Ezra Pound, Henry Miller, vor allem über den Kreis um Gertrude Stein, James Joyce, über die russischen und polnischen Emigranten seit den Tagen von Chopin, Adam Mickiewicz, Alexander Herzen, Turgenjew bis zur Epoche von Bunin, Chestov, Berdjaev, Nabokov.

Von dieser Weltstadt ist heute kaum mehr etwas bemerkbar. In den fünfziger Jahren, zu Zeiten von Picasso, Beckett und Sartre, als die legendären Cafés wie La Coupole, Le Select, La Rotonde, Le Dôme, La Closerie des Lilas noch den Montparnassiens und das Les Deux Magots und Café de Flore dem existentialistischen Saint-Germain und nicht den Touristen gehörten, war noch etwas von dem weltbefeuernden schöpferischen Herzschlag von Paris zu spüren, es war sowohl Aufruf wie Schutzmacht. Paris, ein Laboratorium der Zukunft?

Am spektakulärsten in der Architektur, wo die Zerstörung von Altem und die Schaffung neuer Lebenszentren auf eindrückliche Weise sichtbar werden. Ich halte mich zur Beschreibung dieses Sachverhalts bei den einstigen Hallen auf. Die Mitte des 19. Jahrhunderts von Baltard erstellten Eisenkonstruktionen waren nicht nur ein herrliches architektonisches Schaustück, sie waren ein Zentrum pariserischen Nachtlebens. Wer vom nokturnen Treiben nicht genug bekommen konnte, machte sich auf zu den Hallen. Da waren alle Zufahrtsstraßen und engen Gassen von Lastzügen verrammelt und von Kisten und Tonnen verstopft; das ganze Viertel quoll über von Gemüse und Früchten, Fisch und Fleisch und Blumen; es war die Lebensmittelversorgung der Riesenstadt, es war die Fütterung des Bauchs von Paris, und es war Kirmes. Denn die Händler und Einkäufer, die Lastwagenfahrer und Handlanger wollten ja ihrerseits versorgt und verwöhnt sein, darum waren alle Bistros und Brasserien in Betrieb. Zur nächtlich-poltrigen Szene gehörten die Frauen der Nacht, die Huren, die ihre Gunst anboten. Und zu diesem von Naturprodukten strotzenden, von Arbeit und Geschäft, Händel und Fest lärm- und dufterfüllten Umschlagplatz strömten die letzten Bummler und Vergnügungssüchtigen auf der Suche nach einer Zwiebelsuppe, einem letzten Schluck, einem Glück oder Rock. Und bestimmt gab es unter ihnen Dichter und Revolutionäre, Verliebte und Selbstmörder. Studenten und arme Künstler arbeiteten als Kistenschlepper ihre Nachtschicht ab.

Das ist für immer verschwunden. Was danach folgte, das Forum des Halles, zeigt sich oberirdisch als ein Volkspark mit Bäumen, Pavillons und Portalen in einer nostalgischen, an Treibhäuser und Vergnügungsbauten aus der Gründerzeit angelehnten eher faden Eisenarchitektur, die in einen Wall von überwölbten, dunkel verspiegelten Wandelhallen mündet. Alles Wichtige ist in die Tiefe verlegt rund um eine versenkte Piazza und in etlichen Rängen immer weiter ins

Unterirdische bis hinunter zu Metro und Vorstadtbahn. Das Ganze ist ein Konsum- und Unterhaltungsparadies in Glas und Neon, Eldorado für Touristen und die aus den öden Gürteln der Vorstädte angelockten Abkömmlinge der Dritten Welt, für eine menschliche Fauna, die in ihrem bizarren Äußeren bisweilen das Extraterrestrische streift und die in den Erscheinungen von Verelendung, Obdachlosigkeit den von König Alkohol spendierten Schlaf vorwegnimmt oder den Drogentod mästet. Luxus und Extravaganz mischen sich übergangslos mit der »Freiheit« der Abgeschriebenen; und natürlich auch mit der Kriminalität.
Diese ganze Szene korrespondiert über den Boulevard Sébastopol hinüber mit der noch spektakuläreren des Centre Pompidou. Stolzer Bauherr des Hallenforums ist Jacques Chirac, während sich im nationalen »Beaubourg« (vom Volksmund auch Notre-Dame-de-la-Tuyauterie geheißen) Präsident Pompidou ein Denkmal gesetzt hat. Das Centre National d'Art et de Culture Georges Pompidou ist eine schraubstangen- und röhrenstarrende, von Schläuchen umwundene, teils metallisch blinkende, teils knallfarbig auffallende »Fabrik«, ein Anklänge an Rohrpost und Staubsauger und Meccano und Schiffssirenen vermengendes poppiges Architektur-Möbel, das den Funktionalismus ironisch pervertiert. Multipack oder Mehrzweckfabrik auch im Innern, ein gigantischer Selbstbedienungsladen in Sachen Kultur, moderne Pinakothek, Bibliothek, Cinemathek, Videothek mit Sälen für Wechselausstellungen, Vorträge, Vorführungen, Musikaufführungen und weiteres, mit Zeitungsarchiven, Cafébars, Restaurants, Aussichtsterrassen ..., eine

demokratische Bildungs- und Happening-Anstalt, vor Kreativität aus allen Nähten platzend, die den Benutzer zum Mitspieler macht und noch die weitere Menschheit auf dem riesigen Vorplatz ansteckt, der Vorplatz eine Arena für Mimen und Feuerschlucker, Musikgruppen, Prediger, Gaukler und Taschendiebe. Auch hier heißt die Losung Massenversorgung; das Zentrum verzeichnet immer neue Besucherrekorde. Man sieht die Pilger in Heerscharen das Beaubourg belagern, und man sieht sie in durchsichtigen Röhren, die die Rolltreppen umhüllen, an Außenwänden emportreiben: Menschengut in Staubsaugerschläuchen, eingesaugt und ausgepumpt. Wer im Falle der Hallen zerstörtes Quartierleben bedauert, muss immerhin zugeben, dass das, was folgte, für neuen Lebensausschlag gesorgt hat, womöglich verrückter als auf dem Washington Square in Manhattan.
Pompidou ließ den Abbruch der Hallen zu und baute Wolkenkratzer und Schnellstraßen, er setzte zukunftsweisende technokratische Wahrzeichen in das den Geist des 19. Jahrhunderts und der Vorkriegszeit atmende Stadtbild.
Nach dem damals höchsten Gebilde, der Tour Maine-Montparnasse, die das Ende des alten Montparnasse-Bahnhofs bedeutete, ist der Wald von Türmen im Viertel »La Défense«, eine Art Schachbrett mit gigantischen Architekturfiguren, ein hochschwankendes Figurenkabinett. Das Irisierende der äußeren Erscheinung entspricht der Undurchsichtigkeit der in derlei Verwaltungsgebäuden verborgenen Besitz- und Machtverhältnisse.
Pompidous Nachfolger Giscard d'Estaing verfügte einen Baustopp für Wolkenkratzer. In seine Regierungszeit fällt die

Aufnahme des Orsay-Bahnhofs unter die schützenswerten Baudenkmäler. Die zwei Septenate der Mitterrand-Regierung waren von einer mit anspruchsvollen urbanistischen Konzepten verbundenen Bauwut geprägt, die man, wenn nicht der sonnenköniglichen, so doch derjenigen von Baron Haussmann, Präfekt unter Napoleon III., an die Seite zu stellen versucht ist, der laut Zola die Stadt mit Straßendurchbrüchen und Boulevards »wie mit Säbelhieben« zerstückt, viel mittelalterliche Substanz getilgt und das Stadtbild des 19. Jahrhunderts geschaffen hat.
Zwei widersprüchliche Ambitionen leiteten den Bauherrn Mitterrand: einerseits die Denkmalsetzung sowohl zu selbstherrlichen Zwecken wie zur Steigerung der Anziehungskraft von Paris, das sich als Hauptstadt des künftigen Europa in Vorschlag bringen sollte. Seiner Meinung nach besteht eine direkte Verbindung zwischen der Größe der Architektur, ihren ästhetischen Qualitäten, und der Größe eines Volkes. Das französische Trauma der Grande Nation. Als sozialistischer Landesvater dachte er andererseits aber auch an die Lebensqualität der Stadtbewohner und kreierte neue Ausschlagspunkte mitten in den bislang vernachlässigten Ostgebieten der Stadt, und dann wagte er sich mit den Satellitenstädten an das Sanierungsprogramm der Banlieue. Hier die Liste der gigantomanischen Mitterrand-Taten, auch »die sieben Pyramiden« des Präsidenten genannt:
Die Oper an der Bastille, die Volksoper, das modernste (wenn auch ästhetisch gesehen wenig überzeugende) Opernhaus der Welt, doppelt so groß wie das alte Palais Garnier. Womit

das ganze Bastille-Viertel vitalisiert und ein pariserisches Soho wurde.
Der Volkspark auf dem ehemaligen Schlachthofgelände »La Villette« mit den »Folies« genannten vorfabrizierten roten Pavillons »für spontane Feste« und dem 35 m hohen Kugelkino »La Géode« und der avantgardistischen »Cité de la Musique«.
Das Haus der Wissenschaft, auf demselben Areal, das größte Technologiemuseum der Welt.
Der Groß-Louvre mit der gläsernen Eingangspyramide in der Mitte des Cour Napoléon und einer ungeheuren unterirdischen Anlage, die ein wahrhaft enzyklopädisches Museum umfasst (wiederum das größte der Welt) und darüber hinaus einen Komplex von Dienstleistungsorganen in der Größenordnung einer kleinen Stadt mit Läden, Postbüros, Bank, Wechselstuben, Auditorium, Versammlungs- und Aufenthaltsräumen, Restaurants, Bars, Buchhandlung, Babyecke und Sälen für Wechselausstellungen etc.
Der 110 m hohe Triumphbogen der Menschheit im Wolkenkratzerviertel »La Défense«, der die kaiserliche Achse von den Tuilerien über den Obelisken des Place de la Concorde, die Champs-Élysées, den Étoile-Platz mit dem napoleonischen Triumphbogen über die Avenue de la Grande Armée grandios verlängert.
Das Musée d'Orsay im alten Bahnhof unweit des Grand Palais, mit dessen Eisenkonstruktion es nah verwandt ist: Museum des 19. Jahrhunderts. Es zeigt Malerei und Plastik im Zusammenhang mit Architektur, Fotografie, Innenausstattung, und zwar unter Berücksichtigung der sozialen Bewe-

gungen, und schließt die Lücke zwischen Louvre und dem Centre Pompidou.
Die neue Nationalbibliothek, die den Namen François Mitterrand, der ein hochkultivierter Mann und Homme de Lettres war, zu Recht trägt. Ein spektakuläres Glashochhausgebilde in Anlehnung an die Form von vier aufgeschlagenen Büchern mit einem veritablen Wald im von den Türmen ausgesparten Binnenraum, natürlich wiederum superlativisch konzipiert: die größte Bibliothek der Welt. Sie wird eine beachtliche Sanierung und urbanistische Aufwertung in dem unansehnlichen Bercy-Stadtteil im 13. Bezirk nach sich ziehen.
Kann man diese Architekturgroßtaten als Laboratorium der Moderne bezeichnen? Es ist nicht uninteressant festzustellen, dass viele dieser Neuschöpfungen der Museumsgattung angehören, allerdings: Museum als Gesamtkunstwerk, als Ort populärer Unterhaltung, als Bahnhof. Die Museumsneubauten in den USA und Europa sind Legion. Zumal die achtziger Jahre waren eine Periode der Musealisierung und des Historisierens, auch des bauhistorischen Zitats und Eklektizismus.
Das eine ist unbestreitbar, insbesondere für die hier erwähnten französischen Beispiele: Sie verzeichnen Besucherrekorde im Weltmaßstab, sie modernisieren die Physiognomie der Stadt, sie bringen Leben in die alte Innenstadt. Doch was ist mit der Zone von Groß-Paris, mit deren Sanierung? Für die Banlieue hat bisher keine Regierung eine Lösung gefunden. Auch der Kranz der sogenannten »Villes nouvelles«, die mit viel postmodernem Spektakel die öden »Grand Ensembles«

ablösten, schaffte keine Abhilfe. Die Unterbringungsgürtel der Vorstädte sind seelisch gesehen wahre Kulturen für alle Arten von Giftpilzen: für Freudlosigkeit, Langeweile, Intoleranz, Bosheit, für Hoffnungslosigkeit und Lebensfeindlichkeit als Prinzip. Besonders am Abend überfällt's einen, wenn das bisschen Lebensschauplatz, das der Tag hergab, erlischt. Jetzt stehen die Kasernen in Reih und Glied, aschgrau und resigniert an den ausgestorbenen Straßen, die die paar Laternen noch elender erscheinen lassen. Sollte der Bewohner sich ins Treppenhaus wagen, dann beschleicht ihn ein Gefühl des Unerlaubten. Und Furcht. Die lauschenden Wände, die Drohung der verschlossenen Wohnungstüren, die Unnatur solcher Ordnung unter dem Zeichen des Verbots. Die Isolierung. Der Hausgenosse empfindet die zahllose Multiplikation seiner Wohnsituation, die Gleichschaltung. Er weiß sich in einer Überwachungsanstalt, was so viel bedeutet wie Lebensausschluss. Im Kreislauf des Einerleis scheint das Leben wie mit Grauschimmel überzogen. Derlei Zonen können als emotionale Leprastationen empfunden werden, besonders von der Jugend, die naturgemäß nach Herausforderung und Erleben giert, nach Mutproben. Das unbeantwortete Bedürfnis stillen Bandenwesen und Kriminalität, und manchmal bricht sich der innere Stau in Aufständen von bürgerkriegsähnlichem Ausmaß Bahn. Diese Jugendlichen, Kinder von arbeitslosen Eltern anderer Sprache, anderer Kultur, sehr oft Analphabeten und keine Vorbilder, sind eine verlorene Generation ohne Eingliederungschance, ohne Zukunft. Die Vorstädte sind Auffanglager der eingeströmten Armut aus aller Welt und Ballungsgürtel von so bald nicht absorbierbaren Menschheiten. Der Graben zwischen lebenvibrierender Stadt und gefährlicher Ödnis der Vorstädte bleibt ein ungelöstes Problem, kein spezifisch französisches im Übrigen, sondern ein globales.

Wie sieht es nun mit der kulturellen Attraktivität für einen privilegierten Zuwanderer meines Zuschnitts aus, ist die Frage. Ich habe mir in der langen Zeit in Paris einen Namen gemacht, ich bin eine Stimme geworden im frankophonen Raum, so dass meine Bücher, wie einmal ein Fernsehmann leicht übertreibend verkündete, zum französischen Patrimonium gezählt werden können. Ich frage mich, inwiefern ich diesen Umstand, besser wäre: dieses Glück der Selbstverwirklichung, dem Phänomen Paris verdanke.
Ich bin hier in keine künstlerische Schule gegangen, ich habe keinen Anschluss an Bewegungen oder Gruppierungen gefunden, es gab keine hilfreiche Nachbarschaft zu wahlverwandten Künstlern oder Intellektuellen, die Herausforderung oder fruchtbaren Wettbewerb oder Zusammenschluss der Kräfte bedeutet hätte; nichts, das den Existenzialisten, der Gruppe rund um den Nouveau Roman oder der Oulipo-Gruppe um Queneau und später Georges Perec an die Seite zu stellen wäre, ganz zu schweigen von dem früheren mächtigen Beispiel der Surrealisten. Ich halte mich fern vom Literaturbetrieb, es gibt auch keine Szene, und wäre es eine Emigrantenszene, mit vergleichbaren oder verbrüdernden Flüchtlingshintergründen, der ich mich zugehörig fühlte. Ich kenne eine Anzahl Schriftstellerkollegen, die ich sporadisch treffe oder denen ich über den Weg gelaufen bin. Im

Übrigen frage ich mich, ob es in Paris heutigentags Bewegungen, Schulen, Zentren, Gruppierungen oder Phalangen, wie wir sie aus der Geschichte kennen, überhaupt noch gibt. Die Zentren oder Laboratorien sind nicht mehr an einige Metropolen, sondern an weltweit verstreute Ausschlagsorte gebunden, ihretwegen braucht es keine Wallfahrten mehr, es ist keine Stilverspätung zu befürchten, die Ballung steckt heute vermutlich im Computer und ist von jedermann oder doch von allen mehr oder minder Eingeweihten abrufbar.

Ich will damit sagen, dass ich nicht um solcher Attraktivität willen in Paris bin, so wie beispielsweise das *swinging London* der Carnaby Street und der Pop- und Flower-Power-Bewegung, das ich von regelmäßigen mehrmonatigen Aufenthalten zwischen 1967 und 1972 gekannt habe, für meine eigene Entwicklung ohne Folgen blieb. Auf die Höhe *jener* Zeit habe ich mich nicht zu schwingen versucht, und das damalige spektakuläre und, wie mir bewusst ist, folgenreiche Kulturphänomen hat in meiner Arbeit keine Spuren hinterlassen. Es hat mich zwar nicht kalt gelassen, es war eine geballte Herausforderung wie für jeden hellhörigen Zeitgenossen, doch war es, im Unterschied zu vielen anderen, für mich kein Zug, der mich mitgenommen hätte, keine Brutstätte. Es hat mich allenfalls zu einer Revision meiner Bewusstseinsstruktur angehalten.

Das eigene Gepäck: die tiefste Thematik (oder Forschungsrichtung) bringt jeder schöpferische Mensch mit, sie ist durch frühe Ursachen: Bedingungen der Geburt, Beschädigungen, Kränkungen, Entbehrungen, Webfehler … und daraus entstandene Utopien (oder genetisch) gegeben, sie

ist dem einzelnen als Stachel eingepflanzt. Die Frage ist, mit welchen Ausdrucksmitteln er sie als Thematik seiner Zeit kenntlich zu machen vermag, in welchen zeitgemäßen Stoffen, in welchem Kontext er sie glaubhaft zum Leben erweckt. Es ist eine Frage des eingebrachten Lebensgefühls, ein Form-, ein Sprachproblem.
Die Frage ist ferner, welches Klima, welche Umgebung den individuell verschiedenen Hervorbringungsprozessen bekömmlich sind. Es gibt spezifisch kontraproduktive, weil repressive, und es gibt befreiende Bedingungen, die es erlauben, bis an die äußerste Grenze der eigenen Möglichkeit zu gehen. Lebens- und Erlebensbedingungen.
Ein Hemingway benötigte neben Großwildjagden in Afrika, Hochseefischfang und Stierkampf ganze Kriege, um seine Thematik der Todesangst und Mutprobe, der Bewährung, der Manneswürde im Untergang, alte existenzielle Themen, aus Erfahrungen der eigenen Zeit in den Griff zu bekommen. Miller brauchte für seinen Hymnus auf das Leben, für seine mit Komik und Lachen durchsetzte Große Bejahung das alte Kulturpflaster von Paris, dessen Unterwelt und Unterleib, den Sexus.
Ich halte mich bei der Unterscheidung zwischen Stoff und Thematik auf, um mir darüber klar zu werden, was mich an Paris kettet. Ein Teil meiner Bücher spielt in Paris, doch sind sie ja nicht einfach Paris-Bücher. Sie sind Einsamkeitsbücher, und meine Protagonisten sind Fremdlinge, Heimatlose, Irrläufer, Stadtstreicher, potenzielle Untergeher, doch sind sie auch Wortstammler und Sprachkämpfer wider das Nichts. So sind meine Romane sowohl Emigranten- als auch fiktive

Künstlerromane – der Künstler eine heutige Existenzfigur und das Sprachgewebe Abdruck einer Existenzmaske, wäre zu hoffen. Die Bedingung, die schöpferische Herausforderung heißt Fremde.
Die Fremde ist nirgends so verschwenderisch, so unnachgiebig und letzten Endes unaufhellbar vorhanden wie in der uferlosen Stadt. Für einen, der sich allenfalls einen Spezialisten des Erlebens, doch nie einen Siedler im Staate Wirklichkeit nennen könnte, kann es keinen passenderen Ort geben als die uferlose Stadt. Wenn die Noia nach ihm greift, droht das Dunkel wie bei Stromausfall. Er muss darum sein Erleben schüren und sein Mitgefühl bis zur Hochstimmung reizen, um nicht aus der Welt zu fallen. Das kann er in der überwältigenden Stadt. Sich an ihren Flanken reiben heißt so viel wie zu Leben kommen.
Weltstadt als große Fremde. Fremde als die großzügigste und anspruchsvollste, die verlockendste, die alles versprechende und nie zu habende Heimat. Die Hoffnung.
Nun ist diese Dimension in allen weltbedeutenden Städten zu finden, nicht nur in Paris. Ich nenne sie behelfsmäßig das Sfumato. Der Begriff taucht in der Kunstgeschichte auf zur Bezeichnung der mit verschwimmenden Umrissen arbeitenden Malweise Leonardo da Vincis und seiner Schule, einer Optik und Technik, die den Gegenstand wie durch einen Dunstschleier erscheinen lässt. In meinem Sinn steht er für die Auflösung der festen Konturen, Pläne, Tiefenpläne. Für ein Zittern und Verzittern, das Ineinanderschwimmen von Nah und Fern, Vergangenheit und Gegenwart, für ein Umspringen der Wirklichkeit und einen illusionären Braun-

ton, der mit dem Gedächtnis des Traums zu tun hat. Es ist das Versinken in eine Traumwirklichkeit, und der Traum ist der endlose Lebenstraum und was er auslöst Verzauberung. Hier sollst du ruhig eintauchen, hier sollst du nie genug haben, hier sollst du untergehen.

Wie gesagt, jede Metropole atmet diese Dimension, warum heißt der Ort in meinem Falle unabdingbar Paris?

Es hängt mit meinem Paris-Traum zusammen, er ist mir in früher Jugend, im Gymnasiastenalter, eingeimpft worden. Es ist ein Schönheitstraum und ein Totalitätstraum, er ist von Eros erleuchtet und von zahllosen Künstlerviten bevölkert. Er stillt das Verlangen meiner Urbomanie, auch Erotomanie, und gibt mir den Mut, mir einen eigenen Lebensroman zuzuschreiben und meine nihilistischen Irrläufer und Stadtwanderer das Experiment eines Künstlerschicksals oder doch einer poetischen Existenz leben zu lassen. Meine Bücher sind Autofiktionen.

Ein nostalgischer Traum, zugegeben. Eine Chimäre, ich weiß. Doch ist er mein innerer Befehl. Er hat für mich dieselbe Funktion wie in Orson Welles' Film »Citizen Kane« der armselige unwiederbringliche Schlitten der Kindheit namens »Rosebud«. »Ich muss meinen Traum immer neu zusammenflicken, um fliegen zu können«, heißt es in meinem Buch »Im Bauch des Wals«. Ich muss mir Paris in täglichen leibhaften Übungen unausgesetzt anverwandeln, um den Traum oder das Movens meines Schreibens wachzuhalten. Vielleicht heißt die Chimäre in Wirklichkeit Utopie.

Auf die Frage, ob die Metropole Paris noch als ein Laboratorium der Zukunft zu betrachten sei, weiß ich keine befriedigende Antwort. Ich konnte nur auszuführen versuchen, was mir diese Nährmutter der Metropole bedeutet. Es ist eine Art geistiges Heimatangebot. Städte wie Paris und London sind uns über die Literaturen, die Musik, den Film, die Kunst und die Popkultur zu eigen, nämlich nicht nur wichtige Topoi, sondern Provinzen des eigenen Wesens geworden. Wir kehren zurück, wenn wir uns zu Besuchen aufmachen.

Einmal schrieb ich: »Wenn ich unterwegs zu meinem Arbeitsraum in das steinerne Universum eintauche und der endlose Film abläuft, die Straßen mich aufnehmen, ergreifen, anrufen mit den Tausenden von Gesichtern und mit den Menschen in den Straßen, die Fahrt eine Weltreise, und es in mir zu respondieren beginnt, die Gedanken zu zirkulieren anheben und die Flammen des Erkennens und Wiedererkennens hochzüngeln, sie erzeugen den inneren Flächenbrand; und ich selber die Stadt werde; das stadtgewordene Bild der Menschheit, die Gestalt dessen, was man – ohne Abstrich, ohne Zögern – als die Kultur Europas begreift, die Stadt, die bedeutendste Schöpfung der Menschheit, das tiefste Heimatangebot, der Stoff, aus dem wir gemacht sind: dann ist an ein Weggehen nicht mehr zu denken.«

1999

EXKURS ÜBER DIE FRANZÖSISCHE FRAU

Die Concierge, die brave, aber barsche Wächterin unseres Hauses, sagte mir einmal, die Zigarette zwischen den angemalten, leicht verschmierten Lippen, in einer Anwandlung von Leutseligkeit, während sie sich im Hof mit dem gusseisernen Brünnchen und den von ihr gehegten Zierbäumchen (in Kübeln) vor mir aufbaute, und die Zigarette wippte auf und nieder, und die Luft roch scharf vom Javelwasser, mit welchem hier alle Concierges Hof und Treppenhäuser reinigen; sagte mit ihrer heiseren Stimme, sie ist nämlich nicht nur Kettenraucherin, sie trinkt auch, darum der abrupte Wechsel zwischen mürrischer Grußlosigkeit und dann wieder explosiver Schwatzhaftigkeit (der Stimmungsumschwung folgt wohl den vor- und nachalkoholischen Zuständen, Gezeiten); sie sagte, sie kriege Atembeschwerden, kaum dass sie Paris verlasse; Frischluft, also Landluft (oder gar andere, ausländische Luft?) komme für sie schon darum nicht in Frage, weil sie anderswo einfach nicht atmen könne, sie bekomme sogleich Halsschmerzen davon.
Die Bemerkung war vielleicht eine Art Liebeserklärung an Paris, eine lokalpatriotische Erklärung und dazu eine Grenzmarkierung, leise Verwahrung dem Zugezogenen gegenüber, eine selbstbewusste Bemerkung auf jeden Fall. Sie ist ja auch stolz darauf, eine geborene Einheimische zu sein unter all den Hergelaufenen, vielen Afrikanern, Araber darunter, die heute die Straße bevölkern und immer stärker auch unser Haus

besetzen, ob es ihr passt oder nicht, darum wohl die Bemerkung. Im übrigen gibt sie sich weder ausländerfreundlich, noch -feindlich, sie ist nicht parteiisch, nur mürrisch, wohl von Natur oder Geburt aus, und sie nimmt, wie alle Concierges, die gesamte Post ohne Unterschied für alle im Haus entgegen, sie ist es, die die Briefe und Sendungen in die Briefkästen oder direkt an die Empfänger verteilt, sie ist über alles im Bilde, während die häufig wechselnden Hausbewohner, die sich kaum kennen, keinen Überblick haben können. Die Postverteilung ist nur eine Aufgabe unter anderen, neben der Treppenreinigung etwa, aber ein Hinweis auf den Vertrauenscharakter ihrer Stellung: Eine Concierge hat sehr häufig auch ein Duplikat von Wohnungsschlüsseln in Verwahrung.
Unsere Concierge ist tüchtig, sie hält das Haus in Schwung, und sie ist kein dienstbarer Geist, sondern eine selbstbewusste Person, eine Französin, die auf ihre Ernährung Wert legt, sie kauft nur beste Ware auf den umliegenden Märkten des Arrondissements, bestes Fleisch, ausgesuchtes Frischgemüse das ganze Jahr hindurch, sie sagt, sie sei auch schon im Ausland gewesen, aber nie wieder, sagte sie, das Essen sei schauderhaft gewesen und dazu teuer und der Wein ungenießbar. Eine typische Bemerkung für sie; bedenke ich es richtig, dann hat sie in den eher seltenen Fällen, wo sie mich einer Meinungsabgabe überhaupt für würdig hielt, eher Unzufriedenheit verbreitet als Freundlichkeit, darum bin ich ja auch so überrascht, feststellen zu müssen, dass ich sie mag. Ich glaube, ich mag ihre Lebensfrechheit, das Unsentimentale und den Umstand, dass sie das pure Gegenteil von mitleiderregend, alles in allem keine seelische Belastung, eher

schon eine Herausforderung, wenn nicht Zumutung, kurz angebunden, nicht gottergeben, die wandelnde Unabhängigkeitserklärung, alles andere als tadellos, aber eindeutig, ich meine: immer sie selbst ist.

Sie trinkt und raucht, nun, das Trinken hat sie, wie sie neulich bekanntgab, etwas zurückstecken müssen, sie hat dieser nationalen Untugend doch wohl ein wenig zu stark gefrönt, vor allem zu lange schon. Sie sei über sechzig. *Nicht möglich*. Ich sage es ehrlich verblüfft.

Zwei erwachsene Söhne. Weiß nicht, ob sie verwitwet oder geschieden ist, vom Mann ist nicht die Rede, jedoch vom jüngeren, noch unverheirateten Sohn, der immer noch jeden Tag bei ihr isst. Es versteht sich, dass unsere Concierge nichts Muttchenhaftes ausstrahlt, das Mütterliche geht ihrer Erscheinung ab. Das Mütterliche scheint überhaupt nicht zu den hervorragenden Eigenschaften der französischen Frau zu gehören, was nichts gegen die Familie als Wert aussagt. Die Familie zählt wohl schon sehr, aber das Ideal der Französin ist nicht die möglichst baldige Mutation in eine Mutter- oder Matronenerscheinung, nein. Auch unsere Concierge, wenn sie das Haus verlässt, um auf den Markt zu gehen, macht sich auf, als ginge sie auf Männerfang, sie putzt sich heraus, malt ihr Gesicht an.

Auch all die alten und selbst die ältesten Frauen, die hierzulande zu allen Stunden des Tages, oft recht früh schon, in Bars und Cafés an ihrem Gläschen nippen oder in den vielen kleinen und größeren Parkanlagen sitzen, alles beobachten und beschwatzen, sehen nicht so aus, als hätten sie sich auf Grund ihres Alters neutralisiert, ausgelöscht. Sie wirken nicht geschlechtslos, sie können wie die gespenstische Ausgabe der jungen, koketten Person von einst aussehen, übertrieben vielleicht, doch es wirkt wie die nackte Behauptung nach irgendwelchem Lustgewinn. Warum auch sollte das an Abschreibungen reiche, harte Alter a priori eine Abdankung bedeuten und die Akzeptanz des totalen Verzichts sein? Verzichts auf Putz und auf Weiblichkeit, sofern man Weiblichkeit nicht mit Mütterlichkeit, sondern mit dem Verführerischen gleichzusetzen bereit ist. In Frankreich nicht.

In der französischen Kunst hat die Darstellung der weiblichen Schönheit immer schon etwas Kokottenhaftes gehabt, selbst die gotischen Madonnen in Frankreich hatten diesen Einschlag, den man aus nördlicher Sicht fälschlicherweise als lasterhaft auszulegen bereit war; man ging so weit, der französischen Madonna einen hurenhaften Anflug nachzureden, dabei ist es einzig die Verwechslung von lasterhaft mit verführerisch. Die weiblichen Schönheiten in der großen Malerei dieser lange als *Grande Nation* geltenden, in Kunst und Lebenskunst führend, maßgebend gewesenen Nation haben allesamt dieses erotisch Verführerische, von Fouquet bis Ingres, von Manet bis Bonnard und bis Modigliani. In der abendländischen Kulturgeschichte reimt sich der Schönheitsbegriff lange auf weibliche Schönheit, in Frankreich aber muss die Schöne erotisierend, verführerisch sein: Es bedarf dieser unsublimierten, sinnlichen, dieser *profanen* Qualität, damit die Frau als Lebenswert schlechthin erscheine. Ich glaube, die französische Frau ist Gattin in erster Linie, also bleibt sie ihrem Ideal, ihrem Selbstverständnis nach eher Buhlerin als Gevatterin.

Ich las einmal zufällig, ich glaube, es war bei Kasimir Edschmid (einem fast vergessenen expressionistischen Autor), die französische Frau trage die Seele auf der Brustwarze, ich weiß nicht mehr, ob er damit einen Vorzug oder etwas Herabsetzendes meinte. Falls Letzteres der Fall gewesen sein sollte, wäre energisch zu widersprechen, denke ich, denn eine beseelte Brustwarze ist nicht nur eine reizende, gewissermaßen sprechende Brustwarze, sie ist das Gegenteil von trägem oder allzu schwerem Fleisch, das Gegenteil von Nur-Fleisch, Animalität. Vielleicht aber meinte er auch, die Seele, das Göttliche im Menschen, müsste tiefer im Inneren verborgen und versteckt hausen oder womöglich in noch gebührenderem Abstand vom vergänglichen und manchmal schwitzenden Fleisch wohnen. Ich denke: Vermutlich sind Frauen, die fähig sind, die Seele auf der Brustwarze zu tragen, keine Jammertalanbeterinnen und können Französinnen sein, obwohl sie eine Seele *haben*.
Es wird hier von einer spezifischen Lebenseinstellung gesprochen, und darin hat das irdische Glück, vermutlich darum, weil es selten und so vergänglich ist, einen einmaligen Stellenwert. Sosehr in der französischen Kunst die weibliche Schönheit den verführerischen erotischen Einschlag nicht nur haben darf, sondern soll, so sehr kreist die gesamte Malerei dieser Nation um das Thema des *paradis terrestre*, des Paradieses auf Erden; und innerhalb desselben nimmt die irdische Liebe eine zentrale Stellung ein.
Die weltliche und damit die geschlechtliche Liebe ist hier nicht nur Gipfel einer Glücksvorstellung, sondern ein Faktor von kulturellem Rang, wie sie andererseits ja auch nicht nur

als ein Gottesgeschenk angesehen wird, nicht nur als ein im Heimlichen oder Himmlischen sich dann und wann einfindendes Ereignis, sondern als Funktion einer Kultivierung, eben der Liebeskultur, was sich auch sprachlich ausdrückt: auf Französisch wird Liebe *gemacht*.

Hört man sich die *unsterbliche* Piaf an, deren Grab auf dem Pariser Friedhof Père Lachaise noch heute alltäglich von frischen Blumen bekränzt wird, was einiges über ihre fortdauernde Beliebtheit, ja über ihren Nationalheldinnen- oder Heiligencharakter aussagt, dann hört man einer Liebe zu, die sich unverblümt im Bett abspielt, auf Erden und in Hotelzimmern und in den Armen und Beinen des anderen, die also ebenso wenig metaphysisch ist wie das die Sängerin begleitende Akkordeon. Welche Lichter und tiefen Blicke aber werfen diese Lieder auf das einmalige Menschenleben, das sich wie nirgends in der Liebe und im Liebesschmerz selbst erkennt! Welch tragischem Lebensgefühl sind diese irdischen Glücksmomente entrungen! Es ist die Nacktheit dieser Lieder, die den menschlichen Klang erzeugt.

Ich kannte hier eine Frau mittleren Alters, Geschäftsfrau durch und durch, Inhaberin eines kleinen Druckereibetriebs, in dem auch Maschinen verkauft und Fotokopien erstellt werden. Sie fuhr am Morgen in ihrem Wagen ins Geschäft und spätabends wieder nach Hause, sie führte das geordnetste, ein in gewissem Sinne langweiliges Leben, da war zu oft keinerlei Abwechslung sichtbar. Sie hatte zwei erwachsene Kinder, einen Sohn, eine Tochter, die beide ihrerseits Kinder hatten. Und da erzählte sie mir einmal beim Essen und bei einem wirklich sehr guten schweren Wein so

nebenher, als spreche sie von ferneren Angehörigen, sie sei nie verheiratet gewesen; beide Kinder seien unehelich und von verschiedenen Vätern zur Welt gekommen; sie sagte, der eine sei ein verheirateter, schon älterer Mann gewesen, der andere jünger, aber für sie damals sonstwie ehelich nicht erreichbar. Doch waren beide nicht das, was man ein Abenteuer nennt, im Gegenteil, sie waren Partner langwährender Liebesbeziehungen, die Männer ihres Lebens; den einen hat sie begraben. Da war auch nicht der Anflug von bürgerlicher Unehrenhaftigkeit zu spüren, schon gar nichts von Reue, von Bitterkeit. Da saß diese mittelalterliche, leicht füllige Geschäftsfrau, und ihr meist etwas fades Gesicht nahm diesen träumerischen Ausdruck an. *Ah, l'amour, vous savez ...* Und es war, wie wenn die Piaf gesungen hätte.
Paris ist die Stadt der hellsten Himmel und der weltlichsten Liebe, nirgendwo hatte ich schon als junger Mensch oder junger Spund dieses erregende Gefühl beim Flanieren, dass hinter jeder Bartüre und hinter jeder Ecke die Liebe nicht nur verborgen, sondern erreichbar, in Person *da* sei. Dieses Gefühl ging als unvergleichliches Versprechen und als unversieglicher Trost unmittelbar über die Luft in meine spazierenden Glieder und in mich ein. Anderswo sind Hurenbezirke finstere Gettos an krummen Gassen, und die Prostituierten stehen vor Türen, die direkt in das Fegefeuer, wenn nicht in den Hades oder doch in die dermatologischen Abteilungen von Spitälern zu führen scheinen. In Frankreich und erst in Paris ist es anders.
Es kann an einer der vornehmsten Avenuen und vor dem Eingang eines imponierenden Mehrsternehotels sein, und es

kann an einem jener Vorfrühlingstage stattfinden, da sich der frühe Nachmittag urplötzlich in den strahlendsten Rivieratag verkehrt, von einem Licht durchdrungen, das gar nicht zum trübscheckigen März passt. Du gehst unter den kahlen Bäumen, benommen von der Sonne, und da siehst du eine Schöne neben dem Hoteleingang stehen, sie steht reizend da, ein Summen auf den Lippen, nun lächelt sie dir zu, und du denkst, das ist doch nicht möglich, nicht vor *diesem* Hotel und in dieser hochnoblen Gegend und im hellsten Frühnachmittagslicht, das muss eine Täuschung sein, aber nein, sie lächelt strahlend, und nun mimt sie mit ihrem Kopf eine einladende Geste, die ganze Person strahlt dieses Glücklichmachende, ein Versprechen aus. Und ich bin sicher, sie denkt nicht: Komm her, Kerl, dich schaffe ich auch noch; sie sagt in Gedanken: Es ist ein herrlicher Tag, und es ist heute, ein Nachmittag wie geschaffen dafür, ich werd' es dir schön besorgen und dich veranlassen, es auch mir schön zu besorgen, ich habe Lust, und ich brauche auch Geld, aber das ist es nicht allein, komm ... Und ich bin fast sicher, dass es sich bei der Schönen nicht unbedingt um eine Prostituierte handeln muss, obwohl sie Geld nehmen wird; es kann ein Ladenmädchen, eine Studentin, ein Mädchen sein, das sich in einer vorübergehenden Klemme befindet, und nun hat es sich da hingestellt und ist bereit (für das Tauschgeschäft), bereit für mehr als das; und der Portier drinnen am noblen Empfang hat sie natürlich längst bemerkt. Eigentlich müsste er sie wegnötigen, aber was soll's, sagt er sich, wer hätte nicht Lust an einem solchen Tag ... und überhaupt, die Kleine ... Und würde man hingehen und ihr in ein Hotelzimmer folgen, es könnte überaus schön, ein wunderbarer Nachmittag werden mit dieser *belle de jour*, ein Tag der Liebe; und gewiss würde sie nicht knirschen: »Aber meine Seele kriegst du nicht, du Hund«, wie besagter Kasimir Edschmid, wenn ich nicht irre, es einer Slawin in den Mund legt; diese Französin könnte so etwas nicht einmal denken, wo sie doch die Seele auf ihrer Brustwarze trägt und gleich mitherschenkt, übrigens ein Grund mehr, warum das Liebemachen in Frankreich etwas ist, das den moraltheologischen Satz »animal post coitum triste« definitiv widerlegt.

Es muss damit zusammenhängen, dass es eine Frau mit nackter, seelenvoller Brust ist, die auf Delacroix' Bild auf der Barrikade den Männern vorangeht, und zwar der Freiheit entgegen; ich meine, es ist begreiflich, dass die Männer ihr nachsteigen, nachlaufen.

»Heute ist Frankreich der vielleicht letzte Hort der Liebe«, schreibt Graf Keyserling in seinem Buch »Das Spektrum Europas«, und führt aus: »So werden wohl die, welche noch zu lieben fähig sind, immer mehr dorthin pilgern ... Bei der Kunst der Liebe handelt es sich allerdings, wie bei jeder Kunst, um ein besonderes Können: um ein selbstverständliches Zusammenschwingen von Körper, Seele, und Geist. Dieses Zusammenschwingen macht die Liebe, wie sie die Frauen meinen und jeder Mann sie für seine Person ersehnt. So ist Frankreichs Liebeskult denn mehr als eine Weltanschauungsfrage: er beruht auf Begabung, Begnadung. Er ist Ausdruck vorbildlichen Könnens. Sinnenfeindschaft beweist, wo nicht moralische Hässlichkeit, nie Besseres als Impotenz. Denn der Heilige transponiert und sublimiert nur eine von Hause aus starke Liebesanlage. Nie noch ward ein Unsinnlicher heilig. Möchte denn Frankreich zum mindesten in dieser Hinsicht für ewig das alte bleiben.«

Es ist eine Weile her, dass er das schrieb, doch seine Bemerkungen sind auch heute noch gültig oder, anders gesagt: Das, was er ausdrückt, überlebt hierzulande immer noch, wenn auch in anderer Form. Das Klima ist, wie überall, auch in Frankreich, auch in Paris kühler geworden, das Café Wepler am Place Clichy hat mit Henry Millers Etablissement aus seinen »Stillen Tagen« allenfalls noch den Namen gemein, das aber trifft ja auch auf das Dôme und Select, sogar auf das Coupole, das Flore und das Deux Magots zu. Auch Pigalle hat sich schrecklich verändert, verhärtet, ernüchtert, wenn auch Platz und Straßen und Bauten noch dieselben sind wie ehedem; wie damals, als ich als Berner Schuljunge in der Nähe des Place Pigalle bei meiner Pariser Tante die Ferien verbrachte und von dem bengalisch vibrierenden Nachtleben, dieser atemberaubenden Verkehrung der Nacht zum Tage, dieser tausendundeinen Nacht ins Taumeln geriet, angesteckt und geblendet für immer.

Wenn ich es richtig bedenke, hatte ich auch damals schon eine gewisse Härte und Kühle verspürt, eine Vorwegnahme viel späterer Einsamkeitsanfälle; etwas wie Furcht? Furcht vor der Herausforderung.

Genau so wie das als Ort der Dichter und Liebenden berühmte, als Inbegriff der Lebenslust verlockende Paris für den Ankömmling eine harte, unerbittliche, mitleidlose Stadt sein kann, genau so sind die französischen Frauen keine leicht zugänglichen Wesen, wenn sie auch wie die lebensgro-

ße Aufreizung daherkommen und mit ihrer sprichwörtlichen Augensprache und weiterer Koketterie wie die geborenen Anmacherinnen, auf Französisch »allumeuses« wirken mögen. Die französische Frau kann sehr kühl, hochmütig, ja abweisend sein, genau wie Paris. Gerade darum, weil sie die Liebe nicht in himmlische Höhen verbannt, sondern auf Erden zu machen begabt und willens ist, wenn es sich fügt, kann sie der Männerwelt gegenüber gar nicht anders als selbstbewusst und selbstbestimmend auftreten. Kein Widerspruch. Ein Boxer ist ja im Alltag auch kein Dreinschläger und leichtes Objekt für Randalierer, bloß darum, weil seine Sache der Faustkampf ist, er wird seine Kunst nicht bei jeder sich bietenden Gelegenheit verschleudern.
Nein, das demütigende Gefühl, wesentlich Beutestück oder Spielzeug für den männlichen Gebrauch oder aber mütterliches Ruhekissen zu sein, dürfte keine aufdringliche Heimsuchung der französischen Frau darstellen. Die Heldinnen im französischen Film sind ja auch keine in diesem Sinne Leidenden. Sie sind natürlich Verführerinnen, doch immer erwachsene, mündige Partnerinnen ihrer Liebhaber. Ich denke, dass die französische Schule der Frauen keine leichte, aber eine Hohe Schule ist.

1982

MEINE ATELIERS

Ich habe eine Menge Ateliers in Betrieb gehabt, allein in Paris bislang weit über zehn – Buden, Mansarden, Kleinwohnungen; in seltenen Fällen – als Notlösung – waren es Unterkünfte bei Bekannten, die tagsüber, wenn nicht wochenweise, abwesend waren.
Ich muss allein sein beim Arbeiten, nicht nur ungestört, sondern abgekapselt; nicht nur abgekapselt, sondern ortsfremd; nicht nur ortsfremd, sondern unbekannt; nicht nur unbekannt, sondern klandestin. Ein Zuzügler, der sich in fremder Umgebung einnistet, um unterzutauchen.
In meinen Ateliers wird nicht gewohnt, es werden keine Besuche empfangen, es sollte möglichst keinen Telefonanschluss geben. Ich betrachte meine Ateliers als Hohlräume, die sich im Lauf der Zeit mit den Geistern einer bestimmten Arbeit anfüllen und nach Beendigung derselben spurlos verlassen werden. Die Geister sind in ein Buch oder einen Text eingegangen. Zurück bleibt ein leeres Futteral.
Meine Ateliers sind von unterschiedlicher Größe, meist ziemlich klein, leider. Oft ist es ein puzzleartiges Kunststück, meine Arbeitsmöbel und Geräte darin unterzubringen. Bei dem Mobiliar handelt es sich um immer dieselben Stücke, die mich schon jahrzehntelang begleiten. Sie waren bei der Abfassung fast aller meiner bisherigen Bücher mit dabei. Zu nennen sind: ein alter Schneidertisch, ein verglaster Bücherschrank, ein Notariatsmöbel mit vielen Fächern, ein engli-

sches Kanapee, eine Anzahl Gestelle, ein Schreibsessel. Ein Lavabo muss vorhanden sein, das ist unentbehrlich. Im Übrigen gehören ein kleines CD-Gerät und ein Wasserkocher zu meinen Utensilien, da ich beim Schreiben Tee trinke. Und Kleiderhaken: Ich pflege mich zum Arbeiten umzuziehen und das Lokal nach getaner Arbeit in ziviler Aufmachung zu verlassen.

Ich kann die genannten Stücke mein Frontmobiliar nennen und das jeweilige Provisorium mein Bereitschaftslokal.

Bereitschaftslokal, Laboratorium, Baustelle, Zirkuszelt. Ich will damit sagen, die darin enthaltenen Dinge sind Arbeitsausrüstung und sonst nichts, sie haben keine schmückende Funktion, wenn sie auch mit mir zusammen alt geworden sind und Patina angesetzt haben. Ich benutze alles, auch die Archive mit den vielen Notizen, Dokumenten, Korrespondenzen, auch das Stöbern ist Arbeit. Indem ich Abgelegtes bewege, bewege ich das Entsprechende in mir selbst. Es kann vorkommen, dass ich unverhofft auf etwas stoße, das mich weiterbringt; als hätte die Entdeckung, eine Eintragung, ein Zettel, ein Souvenir, die ganze Zeit darauf gewartet, mich auf die Spur zu bringen und mir zu Hilfe zu kommen.

Meine Arbeitsbuden atmen ein Gemisch von Einsamkeit und Weltfröhlichkeit. Ich gehöre ja beim Schreiben niemandem an, es sei denn mir und, ja, einer weiteren Menschheit, Menschenwelt.

Das Arbeitszimmer ist wie eine Geheimzelle in fremder Umgebung installiert. Es wird eine Zeit lang zum Schauplatz einer heimlichen Tätigkeit. Es wird zur Cella, zur Keimzelle. Und jetzt ist auch der tägliche Gang zur Arbeit und von der

Arbeit nach Hause Teil der schöpferischen Aktion, weil es um ein Weiterspinnen geht.
Ich frage mich, was es mit den ewigen Außenposten, solcher Vergeudung, was es mit dieser Manie des *Vorbeistationierens* auf sich hat.
Ich habe einen Installationshorror, wie ich einen Etablierungshorror habe, schon immer gehabt. Der Schauder, wenn ich Wohnungen betrete, wo alles seinen festen Platz hat. Da – die Sitzecke unterm Leselampenschirm mit dem erdrückenden Erinnerungsberg an all die Abende durch alle Alter hindurch. Die Möbel abgewetzt vom Gebrauch, klebrig vom Erinnerungssaft, Erinnerung an die Zeit, als die Kinder noch klein waren und das Ehepaar jung. Das Leben hat sich in die Möbel verkrochen. Es wurde eingetauscht gegen Mobiliar.
Wäre die Furcht vor dem Einerlei des in Beruf und Karriere, Familie und Haushalt Festgelegten eine Form von Sterbensfurcht? Und das Schreiben Lebens-, Überlebensgier?
Am liebsten habe ich Unterkünfte auf Zeit, Arbeitsunterkünfte. Eine Untermieterbleibe bei fremden Leuten in einem Mietshaus in einem fremden Viertel, was so viel ist wie in einer fremden Stadt. Ein anonymes Provisorium. Der Raum soll nur enthalten, was die Werkstätte ausmacht, Wohnlichkeit nicht. Möchte ich damit eine Unschuld herstellen? Unschuld gleich Neubeginn.
Meine Ateliers repetieren überall die gleiche Situation, dieselbe Szenerie, eigensinnig; offensichtlich rekonstruieren sie ein Inbild. Als Quellen desselben kämen in Frage: das absurde Forschungslaboratorium meines Vaters als Erfinder-

küche und Tummelplatz einer Freiheit; die Schreibstuben Robert Walsers; und die Werkstätten Vincent van Goghs. Alle drei müssen mich mit unverbrauchbaren Vorstellungen – Wunschbildern? – des Schöpfungsfurors angesteckt und ausgestattet haben; dass es möglich sei, mit Stift, Farbe, Leinwand, Bunsenbrenner, Reagenzgläsern und dergleichen, im Grunde lächerlichen Hilfsmitteln, vor allem aber mit Träumen, Sinnen, Spintisieren, Phantasie eine Welt zu erschaffen, die prächtiger und radikaler, reicher, vollständiger, wenn nicht widerstandskräftiger ist als diejenige, die uns die sogenannte Wirklichkeit beschert. Dass das Leben und die eigene Person eine Angelegenheit der Erfindung und Selbsterfindung, der Einbildungskraft seien und jedenfalls nicht der Hinnahme von Gegebenheiten, Diktaten, Determinanten, Regeln, Schuldigkeiten etc. – wenn, ja, wenn nur die eigene Mobilmachung gelingt, was wiederum mit Entflammtsein, mit Hingabefähigkeiten und dann mit Beharrlichkeit, dem Erdauern, aber ebenso mit der Inkaufnahme sozialer Bedeutungs- und materieller Anspruchslosigkeit zu tun hat. Es ist wie bei den Musikern, die unscheinbar ankommen, antreten, ihren Futteralen die wunderlichen, oft bizarren Geräte entnehmen, die dann unter ihrer Hand oder an ihrem Mund zu beatmeten Instrumenten werden und die hängenden Tongärten der Musik hinzaubern, die den Hörer entrücken, aber auch im Innersten der Seele treffen.

Meine Ateliers – consecutio patris?

Neulich kam mir der Gedanke, dass ich mich auf dem Weg zur Arbeit, also zwischen Wohnung und Atelier, verwandle, nicht nur in den Arbeitsmenschen, den Schriftsteller, sondern in das Ich meiner Fiktionen, das nicht identisch ist mit dem Ich meines Privatlebens, Zivilstands. Erst in der Cella der klandestinen Absonderung werde ich zu jenem Ich, das in meinen Texten das Wort ergreift und die Stimme erhebt. Offenbar muss ich mich in dieses *Alter Ego* verwandeln, um schreiben zu können.

Das Alter Ego, mein schreibender Doppelgänger, ist ein notorischer Fremdling auf Erden, ein Emigrant oder Vagant. Sicher eine Randexistenz. Er ist nicht, was man einen Intellektuellen nennt, sein natürlicher Umgang sind nicht die ausübenden, die etablierten Berufskünstler und Literaten, eher das namenlose Volk, mit dem er zwar nicht fraternisiert, dazu ist er zu sehr Einzelgänger, in dessen Spelunken er jedoch gerne in Deckung geht. Er verkriecht sich zum Tagträumen, aber auch aus einer Art Schamhaltung. Das Poetenleben ist ja, vom Werktätigen und Lohnabhängigen aus gesehen, ein nichtsnutziges Leben, ein Körper- und Sätze-Herumtragen, ein Tagverbringen in Wartehaltung. Warten auf den inneren Marschbefehl zum Beispiel. Spazieren, damit etwas in Gang komme. Schamhaltung auch darum, weil mein schreibender Doppelgänger in Ermangelung formidabler Mitteilungswürdigkeiten und nutzbringender Botschaften der Selbstabspiegelung frönt, solcher Exploration. Sein Einsatz gilt höchstwahrscheinlich der Kompensation von drohendem Unleben, Lebensmangel oder der baren Lebensunfähigkeit. Darum der vermessene Wahn, mit seinem Schreiben Leben abzugeben, den Sätzen und Worten Leben einzuhauchen. Im Grunde ist er weniger ein schreibender Kartenausteiler als eine Figur voller Poesiebereitschaft, eine

Anwartschaft auf zwei Beinen, die von Zeit zu Zeit Ernst macht und losrennt. Schreibt.

Die Aussicht auf ein neues Atelier löst bei mir immer eine mit Alarmbereitschaft verbundene Euphorie aus. Es ist, wie wenn ich aus einer bedrückenden Gefangenschaft das Tor zur Freiheit aufrisse. Wie wenn ich ein Schiff bestiege und die Taue löste. Wohin wird die Reise dieses Mal führen? Und mit den wiederaufgenommenen schöpferischen Praktiken ist die Verheißung des Lebens da. Ein Geschenk.

Hinzu kommt das neue Viertel, die neue Gegend. Ein neuer Hinweg und Heimweg – mit welchen Passagen, Traversen, Verkehrsmitteln, Wegen? Ich werde mich wieder wie der Einwanderer fühlen, der seine Nase in den Wind hängt, schnuppert und seine Augen spazieren führt.

Ich bin Stadtnomade. Ich wohne in der geliebten Stadt Paris herum. Ich werde ihren Herrlichkeiten, Geheimnissen neu zu Leibe rücken, sage ich mir beim Ankommen, ich werde die Jahreszeiten, den Ablauf der Tage, Wochen, vielleicht Jahre aus dem neuen Blickwinkel erleben. Ich werde wieder unterwegs sein (mit dem alten Gepäck). Ich werde der Fremdling sein. Nur der Fremdling hat vor Verwunderung leuchtende Augen.

Die ersten Orientierungsschritte werden vom Gang auf die Ämter bestimmt. Wo ist die Anlaufstelle, um Gas und Elektrizität zugeteilt zu bekommen, wo das Postamt. Die neuen Restaurants und Cafés, der nächste Markt, Entdeckerleben.

»Im Bauch des Wals« schrieb ich in unmittelbarer Nähe des Friedhofs Père Lachaise, den ich regelmäßig aufgesucht habe, nicht um die Grabstätten der Berühmtheiten zu besichtigen, wiewohl ich auch schon bei Proust, Balzac und Chopin stehen geblieben bin, sondern um mich in den wankenden Friedhofsalleen zu ergehen.

Der Friedhof war mein natürlicher Auslauf. Ich liebe die in das Grün der Parks versunkenen Totenstädte. Die Grabstätten mit ihrem Nimbus, Rauch von Menschsein, und der Rauch oder Nimbus entschwebt geradewegs in das Hoheitsgebiet der Bäume, in deren Schatten die Sinnenden sitzen. Die Müden. Die Verlassenen. Die Liebenden. Katzen gehören dazu.

Das Grabmal mit seiner Inschrift ist die kürzeste Raffung von Biographie. Die lapidare Adresse: in der Urbs, die hier als menschenleere oder einzig von der Erinnerung oder Fama bewohnte Steinstadt so hart an die Natur grenzt. Die Natur möchte alles an sich und zurücknehmen. Der mit Namen und den in ihrem Pathos oft lächerlich wirkenden Epitaphen versehene Stein, der sich straßenweit aufreiht und hohläugig phantasierend mit der erinnerungslosen Natur kohabitiert.

Ich hatte da eine kleine Wohnung. Der Hauseingang ein Schlupfloch; durch einen darmengen Gang ging's in einen Hof, dessen Mauern, erstaunlich, mit Majolika-Kacheln geschmückt waren. Im Hof Abfalltonnen, Unrat. Gegenüber dem Haus ein iranisches Restaurant, Familienbetrieb, mit überaus schönen Frauen. Manchmal am Nachmittag wurde die eine, deren Wohnung an die meine angrenzte, von ihrem Liebhaber besucht. Ihre Liebesseufzer waren in die Luft gehauchte Kolibris, das Wunderschönste an Laut.

Meine derzeitige Schreibstube ist eine Art Kellerlokal, allerdings neben einem überherrlichen Park gelegen, in einer so vornehmen Gegend, dass man nur farbige Zeitgenossen zu Gesicht bekommt, nämlich Dienstpersonal, weil die Reichen sich nicht sehen lassen, sie bleiben daheim unter sich und haben es schön. Um mich herum lauter liebe Einwanderer, ich rieche ihre Küchenausdünstungen, wenn ich in unsere Niederungen hinuntersteige. Ich komme klammheimlich an wie ein Terrorist und lasse vor der Arbeit meine (bevorzugten) CDs laufen.

Wenn ich den Lieferanteneingang des schicken Dreißigerjahregebäudes passiere, um zu meiner Tauchstation zu gelangen, atme ich ein Gemisch von Haus- und Küchengerüchen der anderen Souterrainbewohner. Es soll sogar Studentinnen geben in diesem Getto, ich habe allerdings noch keine gesehen. Mag sein, dass das enervierende Üben auf einer Querflöte, mehr Gepuste als Perlenspiel, aus einer Studentinnenbude stammt.

Durch die Küchengerüche habe ich an frühere Ateliers in Zürich denken müssen, wo ich mit italienischen und portugiesischen Fremdarbeitern zusammenlebte, was mir sehr gefiel – besonders an Sonn- und Feiertagen, wenn sie sich, zur Sippe oder Dorfgemeinschaft erstarkt, daheim versammelten und Laut gaben. Was ich mit ihnen teile, ist das Durchzüglertum, aber auch das Sichdurchbeißen. Man zieht ein, bringt sich unter und lässt sich auf etwas ein. Man will nicht Wurzel fassen, sondern vorankommen. Man hat kaum Besitz, man hat Hoffnung, und was man braucht, ist Mut. In dem Haus mit den Portugiesen und Italienern musste ich mich, vor allem an hohen Feiertagen, vor den Einladungen meiner fremdländischen Hausgenossen schützen. Ich ging wohl auf einen Schluck zu ihnen, wenn sie tafelten und das Tafeln über den ganzen Nachmittag bis in die Nacht hinauszogen und, was die Geselligkeit betrifft, lautstark steigerten. Doch konnte ich ihnen nie ganz klarmachen, dass bei mir Alleinsein und Schreibmaschinengehämmer nicht barer Not gehorchten, sondern freier Wahl; dass ich ein Zuhause anderswo sehr wohl hatte. Möglicherweise geht meine Vorliebe für derlei Kohabitationen auf die *Casa d'Italia* meiner Berner Kindheit mit ihrer fröhlichen Immigrantenpopulation zurück. Im Übrigen war mein eigener Vater Emigrant.

Immer oder doch häufig, wenn ich, unterwegs zu meinem Atelier, nach der langen Fahrt im Schlund der Metro ans Licht und dann an mein eigenes Licht oder besser Dämmerlicht steige, um, den Park durchquerend, mich meinem Atelier energisch zuzuwenden, gibt es den Augenblick glücklichen Entbrennens; ein Freiheitsgefühl. Ich gehe zur Arbeit, also zu mir, hinein in den Bauch des Wals, in die Cella. Und dabei denke ich oder denkt es (in mir): Ich gehe, um meine Dinge wie von Bäumen zu pflücken. Lebenslang gehe ich so, ein Marschierer, und sammle ein über Augenwege. Und alles, was einfällt, hat seine Resonanz in mir drinnen. Ich gehe, um meinen Resonanzboden in Schwingung zu bringen, mich einzustimmen. Bis die Fische springen. Bis eine Murmel ins Rollen, Kichern und Klimpern kommt. Endlich wieder einen Baustein im Kasten. Ein Bild, Bildchen. Element. Fragment. Ein Licht. Eine Spur. Ein Schein. Es ist alles da. Es hängt in den Bäumen. Es tanzt im Licht. Ich muss es bloß erschauen. Ich setze es zusammen. Ich setze mich zusammen. Im Gehen.

Das Gehen ist ein Zu-Leben-Kommen. Etwas entbrennt, die Ränder fangen Feuer. Das durch die Feuertaufe gegangene, entflammte Ich ist ein neues Ich. Es geht vor mir her, eine Figur, ein Träger von etwas, ein Träger. Indem ich mich in die Stadt verliere, säe ich, um später ernten zu können. Muss mich immer in die Stadt auslaufen lassen, um *es* zusammensuchen zu können. Ich kann dann sagen: Die Straßen stecken mir viele Dinge zu. Im Gehen stoße ich Auftakte, Ansätze wenn nicht schon aus mir heraus, so doch in eine gewisse Höhe des Bewusstseins, der Greifbarkeit. Ich laufe den Sätzen nach. Wenn man doch die Sätze aus sich herausstampfen könnte. Das Schreiben hat seine physische Vorstufe, Synkope.

Bedenke ich mein Nomadisieren in der Stadt, das Herumwohnen oder besser Vorbeistationieren, wie ich es nenne; und dazu die täglichen Fahrten und Wege zum Arbeitsplatz und wieder zurück (mitsamt der Reibung, Aufschaukelung, bis das innere Schneegestöber entsteht und der Film anläuft), dann möchte ich meinen, dass das Ganze nicht nur System und Methode haben muss, sondern strikt zum Arbeitsvorgang gehört.
Wäre ich ein fabulierender Schriftsteller, ein listig erfinderischer Handlungsvertreter zum Beispiel, ich bräuchte die Atelieraußenposten und das dazugehörige Nomadisieren wohl nicht; ich könnte sesshaft sein. So aber muss ich *es*

aus der Luft greifen, von den Bäumen pflücken und aus Mauerritzen klauben. Muss ich mich in Ermangelung eines für die Zwecke des Erzählens geeigneten Plots mitsamt dem dazugehörigen Wissen über Fortgang und Ablauf der Handlung selber in Trab halten. Muss laufen, um den eigenen Roman in Gang zu halten. Vor allem, um den Stoff zu erlaufen, in Erfahrung zu bringen. Roman gleich Wanderung, Fahrt. Ich bin das Gefährt und der Passagier in einer Person. Reisevehikel und Reisender. Und noch der Beobachter, der Dritte. Der Dritte, der sich seinen Vers darauf macht und sein Lied pfeift.

Die Fahrt führt durch Straßen und Stunden, durch Alltag, dessen Obstakel und Langeweile, Wüsten und Gedankenregen, Vertrautheit und Fremde. Sie kann urplötzlich aufleuchten, dann gibt sich mitten im Unterwegssein das große alte Muster der Lebensreise zu erkennen. Es bricht sich schillernd im Brennglas der eigenen Existenz. Und so weit das Licht reicht, entsteht Welt.

Und damit das Feuer nicht erlöscht und der Film nicht abreißt, muss ich weiterlaufen. Muss der Roman in Bewegung bleiben, die Reise weitergehen. Feuer gleich Lebendigkeit gleich Leben. Mein nomadisierender Doppelgänger ist ein Lebenssucher, natürlich.

Jeder Künstler jagt hinter dem Leben her, das versteht sich von selbst. Ohne Plot auskommen heißt so viel wie mit dem Leben in erster Instanz verhandeln.

Das Leben schreiben – eine Frage der schöpferischen Praktiken; der Form, der Struktur. Eine Frage der Sprache.

Das Problem der Erzählbarkeit hat sich schon in jungen, literarisch unbelasteten Jahren gestellt. Machte ich mich als Junge daran, eine wirkliche, ich meine: gelebte Begebenheit (im kleinen Kreise) zu erzählen, dann kam ich vom Hundertsten ins Tausendste und vor lauter Abschweifung nie ans Ziel, weil die Begebenheit sich beim erzählerischen Rekonstruktionsversuch in eine Unzahl von Bewusstseinssplittern verzweigte. Das Geschehen verhallte in Ketten von Echoräumen, das erzählende Ich erfuhr sich als ein von pausenlos eintreffenden Depeschen dröhnendes Telegraphenamt. Die Wirklichkeit eine im eigenen Innern explodierende Rakete. Das Nacherzählen ein Buchstabieren; nein: das Ausschicken von Spür- und Apportierhunden, die die Beute in Form von Spurenmeldungen (und nicht von erlegtem saftigen Wild) anbringen. Von Nacherzählung konnte keine Rede sein. Ein Schnappen nach Wörtern und Wendungen, allerhöchstens. Ein Sichverlaufen, ein Irrlauf bis zur Erschöpfung, meistens. Wie die Struktur finden, die all die Partikel zur Partitur, existenziellen Sprachpartitur verwebt, war, in heutiges Bewusstsein übersetzt, schon damals die Frage angesichts der Schwierigkeit mit dem Erzählen.

Eben dachte ich, unterwegs zu meinem Atelier, nach der obligaten Metro- und Busfahrt und nach dem Durchqueren des Parks, dass ich im Gehen kleine Zinsen von der Stadt zurückerhalte. Ich vermenge mich mit dem gigantischen Gewebe der Stadt, vermenge meinen Mikrokosmos dem Makrokosmos der Stadt, und plötzlich, an einer Haltestelle, auf dem Trottoir, im Park kann es sein, dass die Vermengung und blinde Vermählung den Augenblick erzeugt, da ich sehend bin, *sehe* das erste niederschaukelnde Herbstblatt in diesem oder jenem Windstoß vor diesem oder jenem Hintergrund mit diesem oder jenem Passanten unterwegs zu diesem oder jenem Ziel in diesem oder jenem Tageslicht … und werde meines Lebens inne und des Lebens um mich herum in diesem einmaligen Augenblick und bin jetzt bei Sinnen, bin vorhanden, *bin*, was wiederum meint, dass ich, weil lebendig und sehend, voller Liebe, Welt-, Lebens- und Menschenliebe bin; und die Welt schenkt sich her in allen Facetten, wirft sich mir an den Hals, und die Lebenslust steigt im Stängel und Quecksilberglas meiner irdischen Hülle und füllt mich an, und erste Silben perlen wie Bläschen durch mein Wesen und möchten Sprache werden, es ist bloß die Ankündigung einer Wendung, ich murmle, weil ich schreien möchte, weil es jetzt aus mir herausdrängt, Wort oder Satz, die ja wiederum nur der ohnmächtigste Versuch und gleichzeitig schon der Verzicht sind, doch weiß ich, dass es der Pfeil ist, der an der gespannten Sehne zittert und genau aufs Ziel gerichtet, nein, schon im Ziel ist, wenn auch noch nicht abgeschnellt. Ich *bin*, mitten in der Erleuchtung von allem, bin am Leben? Während wir in den meisten Fällen überhaupt nie in unser Leben gelangen oder auch nur daran rühren, gnädig verschonte Blindgänger in der uns bemessenen Zeit, abonnierte Nummern, Marionetten. Das Leben, ich bin davon zutiefst überzeugt, haben wir zu Lehen bekommen, es ist uns geschenkt, wir können es vertun, verschlafen, verraten, schänden, vergessen, es ist uns zu Lehen gegeben. Ich kann es erlaufen und für Augenblicke erhellen, blitzartig an mich

bringen, das heißt in einem versengenden Bewusstseinslicht seiner innewerden als eine brennende Fackel.
Gewinnen. Verlieren.
Es wäre, im erleuchteten erlauchten Augenblick, das an mich gebrachte unendliche Leben aller und aller Zeiten, das jetzt im Medium meiner einmaligen Existenz durchschlägt, als Maske aus mir heraustreten will und nach Worten sucht.
Gelingen die Worte, gelingt der Lebensabdruck in Worten, und trägt er Schwingen, dann ist in dem vernichterischen Raum des allgemeinen *Betriebs* eine Insel Menschenwirklichkeit mit der ganzen Aura des Geheimnisses, unangetasteten Geheimnisses, erblüht. Die Insel ist eine Sprachinsel, sie liegt oder schwimmt im Glanz des Wunderbaren, einer Frische, die nie welken kann. Um diese Insel und weitere Inselchen des Wunderbaren zu schaffen, das heißt die Falter anzulocken und *lebend* in den Netzen der Sprache einzufangen, gehe und marschiere ich, die meiste Zeit verdrossen und in Wartehaltung und vom Zweifel zerfressen und mich als überflüssig betrachtend. Meine paar Essenzen, die zu filtern ich unterwegs bin, werden dereinst Leuchttürme sein, die immerzu ihre Lichtbahnen ausstreuen, die Lichtarme werfen und Signale senden. Und einige wenige werden sie auffangen. Für sie sind meine Signale, ich weiß, Meteore. Ich habe nichts zu sagen, heißt das in anderen Worten.

1994

FIGUREN

3. August 1996

Gestern oder vorgestern auf der Rue des Martyrs von einem raffinierten Geldschnorrer aufs Kreuz gelegt worden. Ein schlanker, leicht maghrebinischer jüngerer Mann von eher smarter Aufmachung und raffiniertem Benehmen, auffallend die kleinen, dunkelgetönten Augengläser; verhält abrupt den Schritt, bevor er auf mich zueilt mit allen Anzeichen des Wiedererkennens. Nein, so was. Wohnten Sie nicht in der Nähe der Porte Saint-Cloud, Jugoslawe oder nicht? So was. Wie steht's? Lange nicht gesehen. War doch, warten Sie mal. War .... Und ich denke: Woher kenne ich den Kerl? Raschid? Nein. Bin schon leicht beschämt, dass ich nicht schalte. Und gleichzeitig angeregt: ein Kerl aus der ersten Pariser Zeit, ein Zeuge. Nein, das Gesicht sagt mir etwas, aber ich komme nicht auf den Namen. Auch Saint-Cloud stimmt natürlich nicht, und bei dem Reizwort Jugoslawe war ich gleich skeptisch, peinlich, dass ich auf so viel Wiedersehensfreude so vernagelt reagiere. Könnte in Neuilly gewesen sein, da hatte ich doch die Arbeitsmansarde. Und während ich meine inneren Akten durchwühle, erregt, hüllt er mich mit dezenten begleitenden Gesten in einen Redestrom, Erinnerungen, Rekapitulationen, er sei übrigens eben erst aus dem Spital entlassen worden, nach vierjährigem Krankheitsaufenthalt, höre ich und komme mir noch um eine Spur gemeiner vor. Und als er hinzufügt, und zwar in vertraulichem

Ton, er habe keine Unterkunft oder noch keine und keinen Sou, blitzt endlich Misstrauen in mir auf, aber noch ganz vage oder wolkig, und schon sehe ich mich mein Portefeuille zücken und den einzigen 50-Francs-Schein, den ich vorfinde, hervorziehen. Der Schein wechselt die Hand, der Kerl klopft mir auf die Schulter, nun duzt er mich, während er bis dahin sehr gekonnt zwischen Sie und Du zu navigieren verstand, und jetzt wird mir auch klar, dass ich den Kerl überhaupt nicht kenne, der sich nun gönnerhaft von mir abwendet und allerlei banale Wiedersehenswünsche murmelt, und ich denke, klar, hast dich hereinlegen lassen, aber mit welcher Brillanz der vorgeht, das ist mir vielleicht eine Masche, und obwohl ich mich für dumm verkauft erkenne, als wahren Tölpel sehe, klatsche ich innerlich Beifall. Er hat mich ganz schön erwärmt und alles in allem angenehm durcheinandergebracht, wie in früheren Zeiten, denke ich, obwohl ich selber nicht genau weiß, was ich damit sagen will. Ein Virtuose.

15. Dezember 1996

Im Taxi spätnachts. Der Chauffeur meint: Heute ist der 13., Freitag der 13., ein Glückstag für die Glücksspieler, er sagt, er habe schon Spieler gefahren, die ihm zu verstehen gegeben hätten, den selbigen Abend 400 000 Francs verloren zu haben. Ich erwidere: und danach? Haben sie sich umgebracht? Warum, meint der Chauffeur, solche Summen können die verkraften, die haben jede Menge davon. Aber es ist eine Sucht. Sie sind wohl kein Spieler, wetten Sie nicht auf Pferde, kein Tiercé, kein Tac-au-tac, nichts, keine Lose? Und wir plaudern über dies und jenes. Kurz vor dem Fahrtziel wiederholt er: Sie sind also kein Spieler, gut. Ich sehe Sie auch nicht als Spieler. Wenn ich mir eine Meinung erlauben darf, so möchte ich sagen, ich sehe Sie eher als Schriftsteller. Und er setzt hinzu: Ich sehe Sie vor der Schreibmaschine, die rauchende Zigarette im Aschenbecher. Ich bin erstaunt: Sie sind ein Physiognomist, Sie tippen richtig, ich bin Schriftsteller. Im Grunde bin ich nicht nur erstaunt, sondern erfreut.

Ostern 1992

Zwei Personen aus meinem Pariser Alltag sind verschwunden: der Coiffeur (Friseur) und ein zum Gérant (Empfangschef) aufgestiegener Kellner aus dem »Dauphin«.

Der Friseur hat mich immer in Erstaunen versetzt, wenn er von seiner militärischen Vergangenheit sprach. Weiß nicht mehr, ob er in der Fremdenlegion gedient hatte. Fallschirmspringer-Unteroffizier sei er gewesen, und am liebsten hätte er Pilot werden wollen. Ich verstand es, ihn auf diesen Punkt und überhaupt zum Sprechen zu bringen. Es begann damit, dass er von Kerlen erzählte, die ihn auf der Straße angerempelt haben, natürlich ohne zu wissen, wen sie vor sich oder besser gegen sich hatten. Ich konnte bei dem mageren Menschen alles Mögliche vermuten, wäre nicht erstaunt gewesen, wenn er einen leichten Dachschaden gehabt hätte, nur Nahkampferfahrung, Kampfgeist nicht. Ich gab ihm immer ein großzügiges Trinkgeld, wie ich auch immer aufpasste, dass er mich nicht ins Ohr schnitt, er hatte etwas Zittriges. Trinker? Und allein lebte er, wie er zu verstehen gab, nur während der Festtage nicht, denn da ging er seine Mama

besuchen, die irgendwo in der Banlieue wohnte, in einem Häuschen mit Garten, wo er im Liegestuhl Krimis zu lesen liebte. Und dann war er eines Tages weg und durch einen finsteren Portugiesen von komischer, nein, einschüchternder Eleganz abgelöst worden.
Ich erkundigte mich nach meinem Friseur, erhielt jedoch keine klare Auskunft, es war von einer schweren Erkrankung die Rede. Ich stellte mir Aids vor, es schien sich jedoch eher um einen Schlaganfall zu handeln. Der Mann hatte eine Achillesferse, einen schwachen Punkt gehabt. Homosexuell? Hätte ich mir vorstellen können. Vielleicht ist er früher mit dem Gesetz in Konflikt gekommen. Vorbestraft? Einen schwachen Punkt, etwas, das ihn sehr menschlich erscheinen ließ, beinahe liebenswert.

Der Mann vom »Dauphin« hatte den Nachteil, dass er sehr kurz geraten war. Erst bediente er an der Theke, am Ausschank. Er hatte eine Freundlichkeit, die er nur eben gerade noch in Zaum halten konnte. Einmal hatte ich meine Zigaretten im Lokal vergessen, und Monate später, als ich wieder einkehrte, wies er mir mein Päckchen vor, er hatte es für mich aufgehoben. Und dann war er eines Tages zu einer höheren Position aufgestiegen, nahm nun im dunklen Anzug und mit Fliege Bestellungen entgegen und sah komisch oder doch wie verkleidet aus, vor allem sah er immer verschwitzt aus, der kleine Mann. Ich konnte bis spät in die Nacht sitzen bleiben und weiterkonsumieren, ich war der letzte Gast und mit ihm allein. Er machte sich an der Theke zu schaffen, räumte auf, alle Serviertöchter und anderen

Angestellten gingen lange vor ihm nach Hause. Er sagte mir, er habe mindestens noch eine halbe Stunde zu tun, er sagte es, um mir klarzumachen, es habe keine Eile. Und bei solcher Gelegenheit erfuhr ich auch, dass er mit seinem Wagen noch einen langen Weg und in der Regel eine sehr kurze Nacht vor sich habe, da er auch als Erster erscheine, um das Lokal aufzumachen. Er schien wie der Friseur allein zu leben und, da er Gesellschaft mochte, von seinem ganzen Wesen her benötigte, wie ich dachte, die kurzen Nächte gerne in Kauf zu nehmen. Wie immer, er schien kein Langschläfer von Natur aus, doch mochte ich mich auch täuschen. Er war einfach herzensgut, der gegebene Mann, um sich alles aufbürden zu lassen.

Er habe einen Unfall gehabt, er werde kaum wiederkommen. Die Geschäftsinhaber sind in solchen Fällen sehr verschwiegen, sie lassen sich nicht auf Erklärungen ein. Im »Dauphin« gab es einmal ein Gelage von Le Pen-Leuten. Sie sangen Nazi-Lieder, dies sehr laut, es war aus dem Saal in der oberen Etage, wo sie tafelten, deutlich und vor allem sehr unangenehm anzuhören. Doch sei der Wirt kein Gesinnungsfreund dieser Leute – so der kleine Empfangschef auf mein Nachfragen.

Es gibt in der Nähe des Place de la République eine angesehene Brasserie, die wiederholt Bankette von Rechtsextremisten zuließ und seitdem, wenn auch nicht regelmäßig, eingeschlagene Scheiben und anderen Vandalismus in Kauf nehmen muss, ich las es in der Zeitung und hörte im Radio davon. Da die Brasserie an der Marschroute für antifaschistische Aufmärsche, die traditionell an der Bastille beginnen und über die République führen, liegt, bedarf es nur eines Fingerzeigs »da, die Brasserie der Neonazis«, um Steine fliegen zu lassen. Es scheint nun das Los der einstmals renommierten Brasserie geworden zu sein, Bruchschaden zu erleiden und Hass auf sich zu ziehen. Was von den Anwälten abzuwenden versucht wird: Die Faschisten hätten sich bei der Saalreservation unter Vorspiegelung falscher Tatsachen eingeschlichen, sie hätten sich als alles Mögliche, nur nicht als das, was sie sind, ausgegeben. Die Brasserie spielt das Unschuldslamm. Der Ruf ist hin. Und mein kleiner Freund vom »Dauphin« ist verschwunden.

Beim Notar. Maître Le Dieu de Ville sitzt hinter seinem mit Dossiers überladenen Schreibtisch zusammengekauert da in seinem noblen, von Asche bestäubten Nadelstreifenanzug, den gekerbten Kopf unter der weißen Mähne genüsslich zurückgelehnt, und holt aus zu großspurigen Deklamationen, während die Sekretärin nebenan den aufgesetzten Schriftsatz abtippt. Er meint, zu seinem Klienten, einem Künstler, mir und einem weiteren Zeugen, Bildhauer, gewandt, er habe leider für Kultur immer zu wenig Zeit aufgebracht, was er zu ändern hoffe nach seinem baldigen Rücktritt von den Geschäften (er nähert sich den Siebzigern); was zum Beispiel die Literatur betreffe, so komme er aus Gründen der Schlaflosigkeit nicht dazu, und zwar insofern, als er, falls er zu einem anspruchsvollen Buch greife, so hellwach werde, dass er überhaupt nicht mehr einschlafen könne; nehme er sich aber leichte Kost vor, so wirke das Buch als Schlafmittel, so dass er ebenfalls nichts mitbekomme. Fernsehen führe er sich auch nur zu, um den Kopf zu entleeren, mit Ausnahme von Boxkämpfen, das möge er, weniger die Schwergewichtler als die Mittel- oder Halbschwerkategorie oder noch leichter. Nun, er gehe demnächst wie gesagt in Pension. Wissen Sie, was einer braucht, der in Pension geht? Les trois sous et une bonne santé, une santé de fer (das nötige Kleingeld und eine gute, eine eiserne Gesundheit). Voilà. Um nun aber auf die Kultur zurückzukommen, nehmen wir Musik. Musik höre er sich gerne an, sei aber auch auf diesem Gebiet leider zu wenig gebildet, er werde gleich illustrieren, was er damit meine. Er habe eine Enkelin, Absolventin einer Eliteschule, außerdem vielseitig interessiert. Diese Enkelin kenne sich in der Musik so gut aus, dass sie im Konzertsaal gleich merke und sagen könne, wenn ein Solist eine falsche Note anschlage. Das wiederum setze voraus, dass man das Original, also die Partitur oder eben das Stück gewissermaßen intus habe, so dass man die Interpretation auch wirklich beurteilen könne und das Falschspielen gleich mitbekomme, was ihm, einem hoffnungslosen Nichtkenner, leider aus den genannten Gründen nicht gegeben sei. So höre er einfach hin und lasse sich die Musik gefallen. Wenn er erst einmal in Pension gehe, werde er erstens nie wieder das Auto nehmen, er werde den Bus benutzen, darauf freue er sich, aufs Busfahren ohne Hetze und zeitliche Verplanung. Und dann die Museen. Ob wir eigentlich wüssten, dass es allein in Paris mehrere hundert Museen gebe, und wenn er pro Woche nur einen einzigen oder allerhöchstens zwei Museumsbesuche in Betracht ziehe, dann sei ja leicht aus-

zurechnen, für wie lange er allein auf diesem Gebiet mit einer gezielten Aktivität versorgt sein werde.
Als wir endlich nach erbrachter Unterschrift aufstanden und die Verabschiedung einleiteten, sagte er zu mir: Au boulot, écrire, vite! An die Säcke. Schreiben. Marsch. Ein toller Bursche, Maître Yves Le Dieu de Ville. Ein Schauspieler wie alle Anwälte.
Ich nahm von Jules Joffrin aus den 64er Bus, der über viele kleine und kleinste Straßen und Gässchen den Butte Montmartre beklettert und durchschnüffelt wie ein Jagdhund. Bei mir wühlte die Busfahrt eine Menge Erinnerungen auf. Man landet schließlich bei der Metrostation Abbesses, um ohne Umschweife zur Endstation Pigalle hinunterzustechen. Die sagenhafte Bar aus den fünfziger Jahren an der Rue des Martyrs ist wieder in Betrieb. Das Lokal, immer gerammelt voll, ein Panoptikum von Schurken und Huren, teils von Fellini'schem Zuschnitt, war damals durchgehend geöffnet. Das heißt, es schloss irgendwann nach Mitternacht mehr oder weniger symbolisch für eine knappe halbe Stunde, um auszulüften und den schlimmsten Dreck zusammenzukehren. Ich saß unter den schützenden Blicken des Exboxers, der als Barmann waltete und schlimme Kunden hinausbeförderte, nicht grob, vielmehr zart und mitfühlend, der Schutzpatron mit seinem zerbeulten Gesicht.

Oktober 1992

Im Bus, Höhe Parc Monceau, eine Schönheit erblickt, die mir nicht nur nahe, sondern durch und durch ging und seither nicht mehr aus dem Sinn. Ich saß ganz vorn hinterm

Fahrer und wurde aus dem Zeitunglesen durch ein Kleinkindergeschrei aufgescheucht, drehte mich um und sah in ein wunderbar lächelndes Frauengesicht. Das Geheul hatte ihr Gesicht zu diesem schönen schimmernden liebsten Lächeln verlockt. Vor dem Aussteigen stellte ich mich so, dass ich die Frau näher ansehen konnte. Eine hinreißende Schönheit, wohl zwanzig, schwarzhaarig, dunkelglanzäugig, bleichhäutig, der schöne Mund mit einem leicht gewagten Rot angemalt, Schminke und Augenschatten luxuriös. Die Natur hatte ihr alles gegeben, und sie hatte den Geschmack und die Mittel, das alles aufs dezenteste auszustellen. Was mich am meisten beeindruckte, war das Dekolleté. Zwar trug sie einen Mantel, ich erinnere mich nicht genau, nun, Herbstkleidung, und dennoch sah ich in zwei von einem Schalkragen nur leicht angeschnittene, halbentblößte Brusthälften von einem Schmelz, einer derartig verführerischen Rundung und Makellosigkeit, dass ich gleich »mon pigeon«, mein Täubchen, flüsterte. Ich weiß nicht, welcher Nationalität, Herkunft sie war, sicher ist, dass sie zu jenen dunklen Schönheiten, nicht Exotinnen, nicht Männerverbrennerinnen, nicht Südstaatlerinnen, nein, zu jenen Sendboten aus einer heiteren glücklichen tausendundeinen Nacht, zu einem Prinzessinnengeblüt gehört, das mich so tief anrührt und bei welchem ich nie die geringste Chance hatte.

5. November 1992

Ich sagte zu dem Mädchen mir gegenüber im Bus Linie 27 in Gedanken: Sie haben einen ausgezeichneten Geschmack, es ist mehr als dezent, wie Sie zu dem weißen flauschigen

Rock diese Tweedjacke aus bräunlichen Mischtönen zu wählen wussten, die Kombination weiß/braun (oder ocker), gewissermaßen aus der Kubistenskala, entspricht meinem Schönheitssinn aufs beste; und den türkisfarbenen pfeilspitzenförmigen Ohrring, der wie ein Köder nach Ihrem im übrigen erstaunlich feinmuschligen Ohr schnappt, hätte man nicht passender aussuchen können; Ihre Augen sind mir auch gleich aufgefallen, als sie sich so sorglos zum Lächeln erwärmten; das Lachen galt einer Frauenperson, die den Fahrer durch die geöffnete Falttür abkanzelte; die Komik der Situation habe ich nicht mitbekommen, doch habe ich sie als Abglanz und liebliche Quittung in Ihren Augen gespiegelt gefunden, was mich gleich für Sie einnahm; Sie haben entzückende grünliche Augen, sie haben zwischen Braun und Grün so viele Ausdrucksmöglichkeiten, das Schelmische gehört auch dazu; jetzt merken Sie natürlich, dass ich in Ihnen lese wie, ja, wie in einem mir leider verwehrten Leben; Ihr Blick streift mich neugierig, eben haben Sie meine Schuhe gemustert und sichtlich mit Ihrem Gefallen beehrt; ist es nicht merkwürdig, wie schnell man mit Blicken ins Gespräch kommt; eben überlege ich mir, wie ich Sie mit Worten ansprechen könnte; *pas évident* wäre ein Einstieg, auf was immer sich das bezöge; doch hielt ich an mir, um Ihnen in Gedanken weiter zu sagen, dass mir auch Ihre Nüstern aufgefallen sind, so schöne Nüstern, zierliche Flüsterhöhlen; und hat Ihnen schon jemand gesagt, wie verführerisch Ihr Mund geschnitten ist, die Zeichnung Ihres Mundes möchte ich als Schlussschnörkel ans Ende eines Buches setzen: *finis*; Augen, Mund und Nüstern haben Rasse, doch finde ich das

Wort viel zu plump, Sie haben eine zwischen Keckheit und Zärtlichkeitenversprechen spielende Anmut, und das alles in eine Haut geschrieben, die so makellos ist wie der erste Tag und noch ohne die Andeutung eines Schattens; so viel Interesse ist wohl schwer zu verkraften, darum schließen Sie jetzt auch die Augen und geben vor zu entschlummern, ein netter Einfall, ich fasse es als Kompliment auf; Ihr Gesicht liegt nun wie ein Angebot auf dem Teller meiner Verehrung, es ist auch eine Spur Preisgabe in dieser List: mach weiter; ich frage mich die ganze Zeit, ob Sie verstehen, was ich Ihnen in Gedanken sage, ich glaube, ja. Sie können wohl nicht genug davon bekommen, so ein verwöhntes nimmersattes Kind; frage mich, wie wohl die Schenkel seien, die sich unter dem weißen Rockstoff wölben, ich bin neuerdings ein Schenkelnarr, müssen Sie wissen, *cuisses, hanches, fesses*, diese Gegend. Ich steige jetzt aus, herrliches Goldkind, je vous aime.

26. Juni 1973

Bruno Diemer hieß er. Er hatte dieses Stirnlachen. Er schlürfte das Lachen still und mit marabuartigem Nicken des Kopfes in die Stirnhöhle hinauf, wo es ungehört verhallte, dabei verzog er die Mund- und Augenwinkel zu einer Lachmaske. Er war groß gewachsen, schlank. Und er hatte den Krieg hinter sich, sowohl Luftschlacht um London (als Bordfunker?) wie – später – Monte Cassino. Er erzählte von Leuten, die stundenlang einen Fuß aus dem Erdloch streckten in der Hoffnung, dass eine verirrte Kugel sie (möglichst nicht allzu gravierend) treffe und aus dem Kampfgeschehen retten möge. Er desertierte, saß im Keller seiner Mutter, als der Krieg zu Ende war, in einem kleinen Städtchen in Baden-Württemberg (wo später auch die Beerdigung war). Er galt als Liebling der Frauen. Seine Frau Martina, Brigittes Schwester, sagte so tolle Dinge wie »Meine Sonne« zu ihm. Er war für sie eine Cherubserscheinung. Wir zwei hatten ein gewisses Konkurrenzverhältnis. Ich hatte damals bereits einen Namen als Kunstkritiker bei der »Neuen Zürcher Zeitung«, während er ein noch recht unbekannter deutscher Maler in Paris war, der kaum ausstellte und wenig verkaufte, jedoch den Krieg erlebt hatte. Er war gleich nach Kriegsende in Stuttgart Schüler bei Willi Baumeister gewesen, hatte abstrakt gemalt, war aber in den vierziger Jahren, noch zur Zeit der Wols und anderer deutscher Künstler, nach Frankreich gekommen, erst nach Südfrankreich, dann nach Paris, er wohnte in Montparnasse, Rue de la Tombe Issoire. Ich war damals in den fünfziger Jahren noch nie »draußen« gewesen, schon gar nicht im Krieg. Ich war brav verheiratet (mit Martinas Schwester), Museumsassistent und Kritiker mit regelmäßigem, wenn auch äußerst knappem Monatseinkommen. Wenn er uns besuchen kam, dann hatte ich ihm gegenüber ein niederschmetterndes Angestellten- und Provinzlergefühl.

Damals habe ich Bruno Diemer von meinen literarischen Vorlieben (vielleicht Pasternak?) erzählt, und er wies mich auf Henry Miller und vor allem Louis-Ferdinand Céline hin. Das verdanke ich ihm. Es war noch vor meinem Rom-Jahr. Ich muss an den *Gleitenden Plätzen* geschrieben haben.

Wie sah es also damals für mich in Paris aus, wenn ich von der Zeitung zu Ausstellungsbesuchen hingeschickt wurde? Ich pflegte schon von dem Gare de l'Est aus ein Taxi zu nehmen, um gleich (mit allen mitgebrachten Spesenvorschüssen) bei Bruno an der Rue de la Tombe Issoire, Nähe Denfert-Rochereau, einzutrudeln. Es gab da einen recht geräumigen Innenhof, auf dessen Mittelfeld Bruno eine Baracke oder ein Gartenhäuschen bewohnte, das er mittlerweile ingeniös und liebevoll ausgebaut hatte, und zwar mit Dusche und Küche. Er hatte die städtischen Gas- oder zumindest Wasserleitungen angezapft. Diese »Wohnung« bestand aus einem Atelier, in welchem er auf etwa einem Drittel der Fläche einen höheren Boden eingezogen hatte, und darauf befand sich das Bett. Eine unwahrscheinlich kleinstufige harthölzerne Wendeltreppe führte zum Bettbereich. Bruno malte Figurenbilder, die einen surrealistischen Einschlag hatten, etwa einen Frauenbaum, die Frauenglieder dornenvoll, aber in den Stellungen monströs und obszön. Er arbeitete daran über lange Zeit in einer Altmeistertechnik, akribisch, wie wenn es sich um Mathematik gehandelt hätte. Später machte er dann – unter dem »lösenden wärmenden befruchtenden Einfluss« Martinas, wie sie immer zu dozieren pflegte – Stillleben mit Krügen, die schon beinah gemütlich wirkten, jedenfalls italienisch gegenüber den boschartigen früheren Dingen.

Neben diesem Atelier gab es einen Wohnraum, Holz in Holz, wie in einem Wohnschiff, mit Tischchen, Decken, Stühlen und allem, was dazugehört, bloß alles enger und kleiner als normalerweise. Man musste andauernd aufpassen, dass man nicht aneckte, nichts zerstörte, sich hindurchwinden konnte. Dann ging es über die Küchenecke in den besagten Dusch-

raum. Und draußen war sogar eine Art Zaun, denn gegenüber hatte ein Exil-Amerikaner eine Baracke oder ein Atelier, allerdings viel kostspieliger und geräumiger ausgestattet als dasjenige Brunos; auch lebte er mit einer recht hübschen jungen Spanierin zusammen, die wie eine Gauguin-Frau am Zaun stehen und »Guten Tag, Herr Gauguin« sagen konnte. Außerdem gab es einen hübschen schäferähnlichen Hund bei denen, der auch am Zaun entlangstrich. Jedenfalls respektierte man gegenseitig die Hoheitsgebiete.
Von besagtem Amerikaner wusste Bruno zu erzählen, er habe als Pianist angefangen, großspurig und gestopft mit Geld, übrigens gab es den Flügel noch; auch sei er in einem imposanten Sportwagen vorgefahren, habe aber, nach einiger Zeit und entsprechenden Verausgabungen, den Gürtel enger schnallen müssen und vorerst den Rennwagen noch gefahren, aber mit ausgewechseltem Motor. Irgendwer oder er selber habe den starken vielpferdigen Motor ausgebaut und einen schlichten von VW eingebaut, so dass die Fassade vorerst gewahrt werden konnte, aber Benzinverbrauch und Steuern auf ein erträgliches Maß sanken. Bruno wusste viele solcher Geschichten von Pariser Leuten zu erzählen, was mir sehr imponierte: Zeigte es doch, dass man hier eben in der Welt, in der großen Welt lebte und nicht in der Provinz und dass man einiges an Improvisationstalent aufbieten musste, um sich hier durchschlagen zu können.

2. Februar 1977

Gestern mit Handke in der Banlieue spaziert, immer über Bahndurchstichen, Vorstadtlandschaft, kleine Häuser aus

Backstein, fast ein wenig englisch, an gusssteinernen laubfleckigen Geländern entlang, in einem widerlich kalten Licht, am Boden stellenweise ein lächerlicher Schneebesatz … Meudon, wo Céline seine letzten Jahre verbracht hat. In Meudon Handkes Tochter von einer Schule abgeholt, dann per Zug nach Clamart zurück, wo er ein Haus (gehört einem Mathematikprofessor, der zurzeit in Afrika ist) ohne jede eigene Möblierung oder Akzentsetzung bewohnt. Handke, wenn er erscheint, hat etwas, das sogleich intensive »Anwesenheit« vermittelt. Und etwas heimlich Hitziges, eine Haut, die erröten kann. Sehr genau umrissen, Allein-Person, in sich gekehrt, aber nicht gehemmt, vielmehr aus längerem Schweigen heraus plötzlich ganz normal kommunizierend. Natürlich ein Star oder doch vom Frühruhm gezeichnet. Fast komisch, wie man in beinah schon maxim'sähnlichen Lokalen mit ihm speist, Geld spielt scheinbar keine Rolle mehr. Eine selbstverständliche Erwartung, vom Kellner VIP-Aufmerksamkeit zu genießen. Und neben alldem das Scheue, sehr Straffe, Profilierte, Schweigsame, intensiv Nachdenkliche, Jünglingshafte. Ich komme mir leicht gehemmt vor im Sinne des Nichtstörenwollens. Die Ausstrahlung ist jedenfalls stark, weiß noch nicht recht wie sehr sympathisch. Vermutlich irritiert ihn ein wenig das Bewusstsein, bereits öffentliche Person, wenn nicht eine Art geistiger Leader, also etwas schon fast Historisches zu sein? Eine Bemerkung, die immer wiederkehrt, betrifft »Sätze, die hart oder endgültig sind, nicht mehr besser zu schreiben …«. So im Urteil über Ludwig Hohl, bei früherer Gelegenheit auch bezüglich meines »Stolz«. Und die Sätze beim neuesten Thomas Bernhard nennt er zügellos oder beliebig laufend. Offenbar notiert er auch immer derlei »Sätze«, dies im Gegensatz zu mir, der ich notierenderweise mich gehen lasse, die »Sätze«, das Machen aber genauestens kenne, wenn ich dichte.

12. November 2007

War in einer großen Soutine-Ausstellung in einer Pinacothèque benannten neuen Ausstellungsräumlichkeit an der Madeleine; die letzte ebenso umfassende Retrospektive anscheinend in den siebziger Jahren. Er stammt aus Litauen. Und ich habe für kommendes Frühjahr eine Einladung nach Riga, wo mein Vater aufwuchs. Erregend die Landschaft in ihrem *Aufruhr*, wahre Erdbebenoptiken, wie ganze Wege, Straßen, Häuserreihen, Landschaftskörper sich aufbäumen und quasi in geologische Schichtungen auffalten. Wunderbar zwischendurch Porträts von einfachen Leuten aus den niederen Schichten, sie können in der Malkultur und Faktur kostbar anmuten wie Chardin, wenn sie in der Mimik und leichten Deformation auch eine denunzierende Kompassion verraten oder atmen, das Weltverlorene, Ausgesetzte. Die gerupften, aufgeknüpften Hühner und gehäuteten Ochsen (Letztere als Motiv von Rembrandt übernommen). Soutine ist im Gegensatz zu einem Chagall so fern von Märchen oder Sagengut, wie das Schlachthaus von Versailles oder vom Bilderbuch. Und doch schöpfen beide aus dem gleichen Fundus. Soutine war bitterarm, als er in Paris ankam und in ungeheizten Ateliers bei Kollegen unterkam, eine Art Obdachloser, ein kunsthungriger Hungerleider, ein armer Scholar. Und ist dann in der Vorkriegszeit von einem amerikanischen Sammler entdeckt und an-, wenn nicht aufgekauft worden, von einem Mr. Barnes, der in der chemischen Industrie reich und kunsttoll geworden war. Der zerlumpte Litauer und Judenbub auf einmal in Schneideranzügen und mit Uhrkette vor dem Bauch. Während der Okkupation im Süden in der Klandestinität, magenkrank, erst in den Pyrenäen, zuletzt in der Touraine, zwischendurch in Montparnasse, gestorben 1943, gerade fünfzigjährig. Er hat in seiner Malerei Landschaften wie Menschen gewissermaßen ausgeweidet, das Blutrot geistert durch alle Bilder, durch alle noch so kostbaren Farbtöne. Es ist vielleicht das Blut der geschändeten Opfer, der geschändeten Kreatur, einfach nichts von Verschönerung, Umdichtung. Vielleicht hat der Aufruhr, das Sich-Aufbäumen mit dem Gejagtsein oder der Notion des Verfolgten zu tun. Jedenfalls ist der Klang des Leidens nicht zu überhören.

Chaim Soutine – hungernde Augen. Hundert Bilder von Chaim Soutine, schön gruppiert in den gepflegten Sälen der Orangerie – zuerst ist es fast eine Enttäuschung. Warum? Weil man sich bei diesem Maler die Integrierbarkeit in den musealen Rahmen schwieriger vorgestellt hätte? Oder weil man sich Soutine nicht gern als »Kulturgut« denken mag? Seine Legende ist so schön wild und traurig, und nun wirken die Bilder dreißig Jahre nach seinem Tode, bereits als herrlichste Peinture, geradezu zeitlos schön.
Er wurde 1893 in der Nähe von Minsk als Sohn eines jüdischen Schneiders geboren, hat sich schon als Vierzehnjähriger allein durchschlagen müssen, arbeitete als Retuscheur-

gehilfe, besuchte aber gleichzeitig Zeichenkurse in Minsk. Mit zwanzig Jahren taucht er – gewissermaßen barfuß, stellt man sich vor – in Paris auf, um die Legion der hungernden hoffenden Künstler um ein weiteres Beispiel zu mehren, ein Ostjude wie Chagall, wie Pascin. Ein zerlumpter, wilder, ein umgetriebener Bohemien wie Modigliani, der schon bald sein Genosse wird. Soutine wird vom selben Kunsthändler, der Modigliani entdeckt hat, unter Vertrag genommen: vom Polen Leopold Zborowski; und ein amerikanischer Sammler findet Gefallen an dieser Malerei. Der Wildling kann sich einkleiden, er kann sich ein richtiges Atelier leisten, sogar zeitweilig aufs Land, nach Südfrankreich, absetzen. Er ist beinahe schon arriviert, es kommt sogar ein Buch (zu seinen frühen Lebzeiten) über ihn und sein Werk heraus. Doch schien er seinen Erfolg eher linkisch und ohne Schaden zu nehmen absorbiert zu haben. Er bleibt der inbrünstige *peintre maudit*, wenn auch mit wunderbaren Wendungen im Lebenslauf.

Es kommt der Krieg, Frankreichs Besetzung durch die Nazis, Soutine taucht auf dem Lande unter. Er stirbt 1943, mit fünfzig Jahren, an einem Magengeschwür.

Er hat gemalt: frühe Landschaften, auch Stadtlandschaften, in turbulenter Chaotik, die einem Überschwang des Herzens entsprungen sind; Fleischstillleben, gehäutete Ochsen, Rippenstücke, Tierkadaver und aufgehängtes gerupftes Federvieh; viele Bildnisse, darunter mit Vorliebe Dienstpersonal in Uniform oder Livree, Hotel- und Küchenpersonal, Geistliche; aber auch wunderbare Kinder- und Frauenbildnisse. Zuletzt Alleen, Baumzeilen, gebeugt und gepeitscht

von Stürmen, die gewiss nicht nur vom Wetter kamen; auch merkwürdig friedlichen Alltag: im Grünen.
Aber er hat das in einer ganz und gar eigenen Manier, nein: Vision! wiedergegeben, mit hungernden Augen, die alles, Mensch, Tier, Baum und Haus, zerfleischten, ausweideten, durchglühten.
Das Inkarnat, das heute, aus dreißig-, vierzigjährigem Abstand, seine Bilder so kostbar illuminiert und mit dem Gütezeichen höchster Malkultur stempelt, war damals Ausdruck seines an die Welt verschwendeten Herzblutes. Dabei ist Soutine keineswegs der Naive, als den ihn die Legende gerne tradiert. Er lernte im Louvre, vor einem Courbet, Tintoretto, Goya, Rembrandt, ja Fouquet. Er war kein kulturloser Barbar, eher ein Scholar, natürlich ein hochbegabter. Er brachte eine eigene Bilderwelt mit und dazu ein mächtiges Mitgefühl für alle Kreatur, er hatte bereits sein Eigentum, sein fremdartiges inneres Gepäck, doch entbunden hat es ihm, wie unzähligen anderen, die erleuchtete Stadt, die damals noch eine kulturelle Hauptstadt der Welt war. (1973)

August 1996

Kino. Gestern den Kultfilm »La maman et la putain« von Jean Eustache gesehen, einen Film aus den siebziger Jahren, einen Nachachtundsechziger, der hauptsächlich aus wunderbaren, für damalige Verhältnisse typischen Dialogen besteht, eigentlich hinreißend auch deswegen, weil diese Welt aus St. Germain (Deux Magots, Flore) so weit zurückliegt und das dazugehörige Lebensgefühl auch.

Giacometti raumschauerlich.
Ich habe Alberto Giacometti in den späten fünfziger Jahren auf einem Empfang in Bern flüchtig kennengelernt, und zwar bei Franz Meyer, dem damaligen Leiter der Berner Kunsthalle. Die Kunsthalle galt nach dem Krieg eine Zeitlang als das fortschrittlichste Ausstellungsinstitut Europas dank der systematischen Aufarbeitung der Moderne und der illustren Reihe der damit beschäftigten Direktoren, angefangen mit Arnold Rüdlinger, dem »Erfinder« des Tachismus, Franz Meyer, dem späteren Direktor des Kunstmuseums Basel, und Harald Szeemann, dem spektakulärsten Ausstellungsmacher, der seinen Stil sowohl der Dokumenta in Kassel wie der Biennale in Venedig aufgeprägt hatte. Alle vier (mich eingeschlossen) hatten wir bei Hans Hahnloser Kunstgeschichte studiert, alle vier waren wir brennend am neuesten Kunstgeschehen interessiert, dessen Hauptstadt noch Paris war, wenn mit der riesenformatigen informellen Malerei auch gerade die USA ins Blickfeld rückten.
Ich war damals Museumsassistent und Kunstkritiker für die »Neue Zürcher Zeitung« und in erster Linie mit der Berichterstattung der Kunsthallenausstellungen befasst. Verhängt waren wir darum vor allem mit Paris – wo Franz Meyer auf der Île Saint-Louis eine luxuriöse Wohnung unterhielt – er war ja mit Chagalls Tochter Ida verheiratet und mit den tonangebenden Künstlern der École de Paris bestens bekannt, so mit Alberto Giacometti, den er zusammen mit Samuel Beckett an dem besagten Empfang eingeladen hatte; er führte ein großes Haus und gab gerne Empfänge nach Vernissagen.

Ich weiß noch, dass mich der nicht eben groß gewachsene Giacometti sehr beeindruckte, seines Gesichts wegen, das nicht nur vital, sondern wie ein schrundiger Gesichtsatlas wirkte, ein Bergler/Künstlergesicht fern von Vergeisterung. Dasjenige des hochgewachsenen, hageren Samuel Beckett war markant und zerfurcht und ebenso wenig schöngeistig – Beckett war, wenn ich mich nicht täusche, bei der kämpfenden Résistance gewesen.

Giacometti war für mich auch darum beeindruckend, weil er ein leibhaftiger Vertreter jener künstlerischen Vorhut war, die in Paris, einem Mekka des neutönerischen Kunstgeschehens, den neuen Menschen im Bild erforschte. Damals in der vorglobalisierten Zeit war ja Paris noch einen Nachtzug weit von Bern und Basel entfernt und, nicht zu vergessen, durch die durch den Krieg lange geschlossenen Grenzen weggerückt, die Grenzen waren noch nicht lange wieder passierbar.

Zwar kannte ich Paris damals schon, ich war unmittelbar nach dem Krieg zu Verwandtenbesuchen da gewesen, als die von den alliierten Besatzungszonen in Deutschland auf Urlaub gekommenen englischen und amerikanischen Soldaten zum Straßenbild gehörten, ich kannte die wieder auferstandene Kulturhauptstadt mit den damals noch schwärzlichen Fassaden der Häuser und Monumente, die de Gaulles Kulturminister André Malraux reinigen ließ; ich kannte die herrlichen Hallen, die den Bauch von Paris darstellten und fütterten mit dem gigantischen nächtlichen Betrieb; ich hatte in der »Coupole« in Montparnasse Picasso mit seinesgleichen tafeln gesehen und im Existenzialistenkeller Au vieux Colombier getanzt. Ich war dank meiner verwandtschaftlichen Verbindungen privilegiert. Dennoch grenzte die leibliche Begegnung mit einem namhaften Sendboten und zählenden Protagonisten aus der magischen Stadt der Künste ans absolut Einmalige. Der Weg zum Ruhm führte für einen Schweizer Künstler unbedingt über Paris, und es gab nur wenige Namen, die sich diesbezüglich nennen ließen, vorab Le Corbusier und Blaise Cendrars; Tinguely trat erst später in diesen Kreis.

Was nun bei Giacometti verwunderte: Er war der Bergler aus Stampa geblieben, er blieb seinem Mutterhaus im Bergell verbunden; und dennoch war er durch und durch Pariser, er war Wahlpariser, und wie die Mehrzahl der tonangebenden Künstler und Dichter dieser Stadt stammte er anderswo her. Er war während der deutschen Besetzung auch nicht wirklich zurückgekehrt in die Heimat, in die Sicherheit der engen heimischen Verhältnisse wie beispielsweise, um nur zwei wichtige Namen der modernen Schweizer Kunst zu nennen, Brignoni und Varlin, er war vorübergehend nach Genf ausgewichen unter Beibehaltung des Pariser Ateliers.
Ich betone diesen Aspekt darum, weil in meiner vermutlich altertümlichen Vorstellung Künstlerwerdung mit den Segnungen und Herausforderungen der kulturgesättigten Weltstädte zu tun hat, mit diesen Entbindungsanstalten, geheimnisvollen Treibhäusern voller Ansteckungskraft und Wettbewerb. Und weil mein eigener innerer Kompass schon früh

dahin ausgerichtet war. Es ist vielleicht nicht gänzlich an den Haaren herbeigezogen, wenn ich mich in diesem Sinne von Giacometti inspiriert fühle.

Aus heutigem Abstand haben seine Figuren, hat sein Menschenbild insofern das Paris der Jahrhundertmitte und die Fratze des Zweiten Weltkrieges zum Hintergrund, als es sich um die denkbar reinste Verkörperung von Existenzialismus und Nihilismus handelt. Was sind denn die zu Strichen abgemagerten schieflagigen in alle Richtungen verzogenen Menschenfiguren anderes als Existenzchiffren in einem von Göttern und Glauben entseelten übermächtigen leeren Raum, der sie nicht nur zum Untergang, sondern zum Verschlucktwerden verdammt mit seinem Sog der Leere. Es sind dem Nichts anheimgegebene Untergangsleiber, die sich mit letzter Kraft zu behaupten scheinen und demgemäß als Resistenzfiguren anzusehen und anzusprechen sind. Und deren eminente Gegenwärtigkeit sich aus dem Widerstand gegen diesen Sog erklärt. Sie stehen auf der Schneide zwischen Verschwinden und Erinnerungsgravur.

Giacometti ist ja nun kein Abstrakter, er ist ein figurativer Künstler mitten in der Hochblüte der Abstraktion, die durch den Kubismus und Kandinsky herbeigeführt worden ist und zu einer Skelettierung der äußeren Erscheinung bis zum Verschwinden des Anblicks zugunsten reiner psychischer Vorgänge, Psychographien, geführt hat. Dahingegen ist Giacometti voll und ganz figürlich oder gegenständlich geblieben. Er hat, so unwahrscheinlich das angesichts der nahezu gespenstischen Auszehrung seiner Plastiken erscheinen mag, vor dem Modell gearbeitet, die Modelle sind bekannt. Wahrhaft verblüffend die nicht nur in der Absicht realistisch zu nennende Naturtreue bei so viel Körperschwund.

Giacomettis Menschenbild: eine winzige verkrustete Tatsache, die reduzierteste Bemerkung über Menschenanwesenheit. Der Mensch verloren im Raum. Der Mensch getrieben und betrieben, geschubst gejagt unterwegs. Marionette ohne Gewicht. Doch von erschreckender Präsenz. Denn dieser Mensch, der ja im Sinne Pascals nichts weiter ist als ein Halm, wirkt als ein Konzentrat von Lebensimpulsen und Atmungswellen, wie gesagt: ureindrücklich. Die Kante des Gesichts stößt messerscharf nach vorn, die Schultern sind in die Horizontale gespannt, die Haltung ist schief. Als Eindruck der Inbegriff des verlorenen Passanten – raumschauerlich.
Und nun wird auch der Sockel verständlich. Es bedarf dieses Gewichts, damit die Erscheinung sich nicht vollends verflüchtige. So viel Gewicht, damit die Gestalt sich nicht entmaterialisiere und entschwebe wie die Seele auf mittelalterlichen Darstellungen. Der klumpfüßige Sockel verweist außerdem auf die Fron des aufrechten Gangs – und wäre insofern beteiligt am Eindruck der Würde.

Und der Raum? Der übermächtige uneinsehbare sinnlos wogende und alles Vorkommen ridikülisierende Zeitraum, gegen den Giacomettis Kreaturen sich stemmen und eingravieren – dieser leere Himmel des Nihilisten?

Man hat Giacomettis Figurinen unter anderen mit der Kunst der Etrusker in Verbindung gebracht, die Ähnlichkeit ist verblüffend, ob Anleihe (wie Picasso bei der Art Nègre) oder Wahlverwandtschaft kann ich nicht entscheiden, nur dies: dass die etruskischen Figürchen Grabbeigaben waren, Totenkult. Und dass Giacomettis Vision nah am Tod oder besser mit dem Tod spielt, und dies nicht einfach auf dem Nenner barocker Vergänglichkeits- und Vergeblichkeitsfurcht, nicht im Gefolge solcher Tradition, sondern vielmehr auf dem Hintergrund der in der ersten Jahrhunderthälfte industrialisierten Millionenmassentötung von Einzelmenschen, daran kann kein Zweifel sein. Aber ebenso daran, dass Giacomettis Humanität sich im Individuationsbeharren seiner Geschöpfe ausdrückt.

Ich möchte zum Schluss noch auf die erlesene Schönheit seiner Zeichnungen hinweisen, auf welchen das Gestaltannehmen der individuellen Existenz aus einem Geknäuel und Gespinst von räumlichen Leitlinien, einer Einkreisung gewissermaßen wie aus einem Fadenkreuz, Ereignis wird, atembenehmend.

2013

26. Februar 1980, London

In Paris habe ich wohl alles Mögliche an Glanz, Hoffnung, Flitter verloren, aber ich habe diese poetische Existenz gefunden, die ich verteidige und für die ich bezahle, unter anderem mit Einsamkeit.

Der Arzt meinte, mir fehle nichts, meine Herzbeschwerden seien zwar bestimmt echt, letztendlich aber imaginäre Beschwerden, es handle sich um das nervöse System. V. meint, das Ganze sei der Rückschlag auf die zwei schwierigen Jahre, die ich hinter mir habe, auf Einsamkeit, Herzeleid, Altersangst; und jetzt erst, da ich Ruhe hatte, also in einem Hafen angekommen sei, komme der Rückschlag. Außerdem sei der ganze Druck, den ich auf der Brust zu spüren vorgebe, sei die Beklommenheit ein Ausdruck jenes Druckes, unter welchen ich ja immer noch meines Buches wegen gesetzt sei. Und dieser ist ja in der Tat nicht unbeträchtlich, es ist Ende Februar, das Buch ist angekündigt, aber noch nicht geschrieben, das kann einen schon beklemmen.

Der Ruf *wo ist das Leben* mag gleichbedeutend sein mit Themenlosigkeit, Heimatlosigkeit, ideologischer Standpunktlosigkeit. Das Einzige, was ich alldem entgegenzusetzen habe, ist mein Poetenleben, zu welchem eben dieses Inkubationszimmer gehört, und vordem die Selbstversetzung nach Paris. Dieses »Amt«. Aber vielleicht glaube ich nicht einmal daran. Und vielleicht gehört zum Verständnis der Pariser Situation und der dazugehörigen relativen Larmoyanz, dass ich die

Scheidung in Zürich einflechte und die Liebe, Liebesvergiftung hereinhole. Denn etwas habe ich wirklich gewonnen im Sinne einer Öffnung, und das ist Menschlichkeit; Menschenzugewandtheit, was sich ja auch in den dialogischen Ansätzen ausdrückt und überhaupt in der kunterbunten Teilnahme an Figuren, Gestalten.
Mit den Büchern ans Licht kriechen. Da ist immer das Versprechen, dass ich, einmal das Buch hinter mir, tiefer ins Leben fliege.

13. Juni 1973

Was ist Paris?
Boulevards … Die Breite der überaus lebendig, körperlich hügelauf und -ab kletternden Straßenbetten, mit dem oben kanalisierten Himmel (einem grau leuchtenden Himmel). Die Fassaden beiderseits sind teils durch die fetten grünen Schwänze der Bäume verdeckt. Paris, das sind auch: die Bürgersteige. Gott, wenn man auf den Bürgersteigen geht, hat man den Eindruck, auf der Reling eines Schiffes entlangzuschreiten. Und der Bürgersteig ist eins mit dem knallig-satten Bereich der Läden; Verschläge und des Menschengewimmels.

21. Juni 1973

Ich komme immer wieder auf das Bild des Trottoirs zurück. Die Buntheit auf der Trottoirebene ist richtiggehend lebenstoll, nicht nur die Farbgebung: Es hängt mit den vielen »Baldachinen« (samt Zotteln der Markisen) zusammen, die diese untere Ebene des Bürgersteigs mit den Cafés, vie-

lerlei Ladenverschlägen und Marktbauten überdachen und also beinah nach oben abriegeln, so dass man unten eine Art Tollhaus mit allen Spektakeln des Jahrmarkts vor und um sich hat. Man ist zusammengesperrt mit allem, was zur Notdurft des menschlichen Lebens gehört. Das ergibt unten eine Freizone, die wirklich aufs ansteckendste *menschlich* wirkt, weil jedermann die ganze Breite menschlicher Tätigkeit, Notdurftbefriedigung, Wünsche, Stillung der Wünsche, Brunst … andauernd vor Augen hat. Das ergibt ferner eine Durchsäuerung, riechbar, es ergibt einen menschelnden Brodem, Gestank – und von daher wiederum (vom Einbezogensein ins »geheime« Leben) eine seltsame »Gleichheit«, also ein Solidaritätsgefühl.
Man könnte fast so weit gehen, dass man behauptete, in einer Stadt wie Paris seien die psychischen Schichten, von der Primitivebene bis zum kulturellen Überbau, auch plastisch-optisch, jedenfalls konkret, geschieden. Oben die klarste, denkbar rationalste Kanalisierung des Himmels, eine Bemächtigung, ja Domestizierung, sicher aber Hereinnahme des Himmels. Dann die kühlen Seiten der Häuser, die sehr hoch gebaut sind, sehr schuppig, brockig, klüftehaft und dann wieder geradezu spielklötzchenartig plastisch wirken. Das alles bewirkt, dass man sich ganz tief unten, im Bereich des Pflasters, klein und gemein vorkommt. Aber das Unterste, das Primitive eben, ist einmal durch die Überdachung der Bäume und dann nochmals durch die »Baldachine« der Markisen abgeschützt.
Frankreich, schon von der Sprache her, kann etwas ordinär Direktes haben, etwas »qui engueule« …, etwas unver-

schämt Halbausgezogenes. Wie die Frauen, die im Schlafrock oder auch in Hausschlappen in ihrem Quartier einkaufen gehen; wie die Männer, die kaum kaschiert pissen und ihre Pisse dem Rinnstein anvertrauen, der wiederum gurgelnd von anderen Spülwassern geschwemmt wird; wie die Mädchen, die mit gewissermaßen geschminkten Brüsten in den Hoteleingängen stehen; wie die Bettler und Clochards, die auf den Trottoirbänken schlafen oder sterben; wie die Hunde, die an jedes geparkte Auto brünzeln oder sich so auf dem Bürgersteig ausstrecken, dass man über sie hinwegsteigen muss; wie die Tiere, die in den Schaufenstern schlafen, ganz neben oder in den Lebensmitteln; wie die fast bis zur Straße ausgebreiteten Fische und Meeresfrüchte, Gemüse und Fleischwaren, Schuh- und Bekleidungsangebote. Es ist dieses Phänomen des menschlichen »Kontaktes«, was so befreiend lebenstrunken machen kann. Und dann das Pflaster, etwa nachts, wenn es in den schönen dunklen, vielleicht noch heißen Schatten getaucht ist und schläft oder ruht, Buckel an Buckel, dieses Pflaster, unterm Nachtschatten der Bäume, an den Seiten der nächtlichen Häuser, unterhalb der paar noch offenen Cafés oder der geschlossenen Caféterrassen, die alle jetzt erloschen sind, dieses Pflaster ist es, was alles zu enthalten scheint, dieses durchsäuerte, den Tag, nein, die ganzen Jahre, nein: die ganze Geschichte ausschwitzende Pflaster, dieses Pflaster der Milliarden von Fußabdrücken, dieses überdauernde, demütig hinnehmende mitwisserische, sich auch unter meine Füße legende und auch mich einbeziehende Pflaster, einbeziehend in den Lauf der buntesten, miesesten, traurigsten und jauchzendsten

Menschengeschichte, dieses Pflaster ist es, das mich inständig erregt.

Ich kam also den Boulevard Barbès herauf und bog in die Rue Simart ein. Wieder mal das kleine Abenteuer, eine neue Bleibe meiner Pariser Tante ausfindig zu machen, wie schon des Öfteren.

Kam also die Rue Simart rauf, natürlich gespannt, wie das neue Domizil aussähe. Es stellte sich heraus, dass diese Wohnung immer schon der Tante gehört hatte, nebst der Eigentumswohnung in der Rue du Docteur Goujon nahe Daumesnil. Kam also die Rue Simart rauf. Haus Nr. 20 ist kein schlechtes Haus, wenn auch schlichter als die Vorgänger. Ohne Lift. Eine Frauenstimme rief im halbdunklen Gang nach mir und fragte, was ich wünsche. Madame Lola wohne »dans la cour, deuxième, à droite«.

Also im Hinterhaus, engbrüstig, ohne Lift. Ich klopfte, drehte an der Klingel. Ein bisschen Hundegeknurr und Gescharre, ein bisschen Schlurfen. Ob's der Briefträger sei? Nein, ich, dein Neffe aus Zürich … Endlich geht die Tür auf, und Tantchen im Bademantel, noch nicht zurechtgemacht, sehr klein, etwas abgemagert. Sie hat sich operieren lassen, hat das andere Appartement verkauft (an einen Komponisten aus Belgien), und zwar weil ihr Zurückgelegtes aufgezehrt gewesen sei. Aber innen ist es doch wieder so wie immer. Sympathisch schlampig. Die Möbel zu groß für die kleine rotgefärbte Dame mit der zu prominenten Nase, die sie von ihrem Vater geerbt habe, einem Riesen übrigens, mindestens ein Meter achtzig, sagt sie.

Also sitze ich wieder mal in einer Lola-Wohnung. Jimmy, der Foxterrier, ist auch ruhiger geworden. Und wir plaudern über ihre russische Familie. Sie spricht von Ärzten, Musikern, auch Journalisten in der Familie. Großvater gehörte einst das Haus in London, das Haus, das neulich Valérie für mich fotografiert hat. Es gab Domestiken etc. Allerdings scheint die zweite Frau die Kinder aus erster Ehe nicht gemocht zu haben. Lola wohnte ein Jahr bei ihnen in London. Entfremdung. Aus den Augen verloren. Onkel Sidney sagte einmal, mein Großvater sei ein ausgesprochen kühner, starker, selbstbewusster Mann gewesen.
Ich gehe mit Jimmy raus, derweil Lola sich zurechtmacht – »sortir Jimmy«. Dann schlendern wir zum Boulevard Rochechouart, um zu essen. Das Restaurant heißt »À la bonne table«. Hier kennt man Madame Lola seit zwanzig Jahren, hatte sie doch in der Nähe eines ihrer Geschäfte. Wirklich großartig das Essen. Es gibt nur ein Menü, aber man bedient sich nach Belieben. Als Vorspeise stellt man uns an die zehn Schüsseln mit crudités und Fisch plus Wurst auf den Tisch. Wein und Brot. Dann zweierlei Fleisch, Gemüse etc. Zu beobachten sind: typisch französische Spießer, die offenbar den Geburtstag eines Gastes feiern. Man merkt es daran, dass sie nach all dem Guten, nach Wein und Schnaps noch Champagner bestellen und mit bereits geröteten Nasen sich zuprosten.

* * *

Bei meiner ersten Ankunft in Paris kurz nach dem Krieg holte meine Tante mich vom Zug, der um Mitternacht oder später in Paris eintraf, von dem Gare de l'Est ab. Wir fuhren im Taxi nach Pigalle und machten ein paar Schritte bis zu ihrem Haus zu Fuß. Ich wusste nicht, was Nachtleben war, ich hatte es nie erlebt, jetzt wurde ich vom Nachtleben überwältigt, verschlungen. Die Straßen schimmerten im Widerschein vielfachster Lichtreize, solcher von den farbigen Leuchtreklamen, von den Leuchtschriften und Lichterzierden all der Bars und Nachtlokale, Restaurants und Läden, die Türen der Bars öffneten und schlossen sich wie Pumpen, sie ließen Schwalle von Musik, Gedröhn, Krach, Gerede und Menschen hinaus, vor den Bars zuckten und wanden sich im Takt verschiedenster Musik halbbekleidete Mädchen, Barmädchen, Freudenmädchen, und an alldem entlang die Massen der Promenierenden, Lüsternen, Vergnügungssüchtigen, das Vorbeischlüpfen der Strichmädchen und Striptease-Tänzerinnen, die schnell die Straße überquerten oder mit einem Kerl im Eingang eines Stundenhotels verschwanden, die Portiers nicht zu vergessen. Die Nacht war mit dem verschwenderischsten Aufwand in ein Strahlen, Summen, Dröhnen verkehrt, in ein wahnsinnig wärmendes und aufwühlendes Nacht*leben,* in einen bengalischen Orkus, alles war zu haben, alle Speisen und Getränke, Blumen und Drogen, Revolver, Menschen, es war ein nächtlicher Markt, ein Vergnügungsmarkt, Menschenmarkt, der Vergnügungshunger lohte aus jeder Bartür und zuckte in den Zuckungen der leichten Mädchen in den Eingängen und schwieg verrucht aus den geschminkten Mienen der vor den Hoteleingängen lehnenden Huren, aus ihren einladenden Mienen und Hüften, ich ging neben meiner kleinen Tante durch diesen Mitternachtsjahrmarkt, in einer Woge von Parfums und Lebenslust, an Restaurants vorbei, durch deren hellerleuchtete Scheiben man die ausgelassenen Gäste beim Schlürfen von Austern und beim Verschlingen von Sauerkraut sah, trieb durch dieses Wogen, der Strom der Promenierenden war so dicht, dass ich glaubte, auf den Köpfen gehen oder treiben zu können, ich war benommen und verzückt und gleichzeitig tausendfach erotisiert. Wenn ich die folgenden Tage mit meiner Tante den Boulevard de Rochechouart entlangschlenderte, erlebte ich wieder die Verkehrung der Nacht zum Tage. Wir saßen auf einer Caféterrasse wie am Strom des Lebens, wir saßen am Ufer, an einem Ufer, das sich in märchenhafter Animierung kilometerweit erstreckte, Tür an Tür, Bar an Bar, Licht an Licht, und schauten auf diese unaufhörliche Menschenprozession, die sich an uns vorbeischob, von lebensgierigen, erlebensgierigen Nachtbummlern, viele Touristen darunter, alle hatten diesen hungrigen verzückten Blick, sie gingen wie in Trance, aber auch wie Verurteilte, wie Gekettete, sie waren dem nächtlichen Wunder, dem verwirrenden Angebot ausgeliefert, sie gingen in diesen mühsamen langsamen Bewegungen von Benommenen, sie konnten gar nicht stehen bleiben, sie schoben sich und wurden geschoben, an unseren Blicken vorbeigeschoben, überflutet von all diesen Reizen, Lichterreizen, Lockungen, Frauenreizen, Sündenlockungen, sie gingen an dieser Unerschöpflichkeit entlang, sie schwammen, sie gingen unter, sie flossen, wie unter Wasser, vorüber. Und zwischen ihnen die Straßenhändler, solche mit Teppichen über den Schultern, Araber und Schwarze, andere mit anrüchigen Karten, die sie heimlichtuerisch vorzeigten, Anreißer, Zuhälter, Schieber, Blumenverkäuferinnen, Schnellzeichner, die ein Porträt, eine Silhouette, einen Schattenriss, eine Scherenzeichnung zu verfertigen versprachen, Mädchenhändler, alles, und wieder die Prozession dieser Armeen von Sklaven, Gefesselten, Geblendeten, Hypnotisierten. Und alles in die Lichter und in die aufreizende Kakophonie der aus tausend Türen schwallenden Musik getaucht. Wenn ich anderentags den Hund ausführte, erkannte ich die Straßen nicht wieder, sie erschienen mir ermüdet wie ein abgeschminktes Gesicht.

15. Juli 1972, Zürich

Damals, als ich hin und wieder von der »Neuen Zürcher Zeitung« nach Paris geschickt wurde, um etwa eine große Ausstellung, Henri Rousseau oder Aristide Maillol, zu besprechen, stach ich immer von dem Gare de l'Est aus in die Stadt, bevor ich zu meinem Malerfreund Bruno Diemer ging oder auch zu meiner Tante. Und in der Nähe der Grands Boulevards, spätnachmittags oder auch abends, bevor die Dämmerung einbrach, also noch in vollem Tageslicht, aber schon zu einer Zeit, wo die Büros geschlossen hatten oder im Begriff waren zuzumachen, gewahrte ich diese Dehnung der Zeit, dieses Sichräkeln in einer abendlichen Vergüldung. Ich ging durch eher stille Straßen an all den Bistros, Hotels, Restaurants, Bars vorbei; ich schaute hinein, sah Männer vor ihrem Blanc sec an einer Theke stehen oder Amerikaner an einer Bar oder die Kellner in einem leeren smarten Restaurant, bevor die Gäste eintrafen, oder ich sah an einer Bar eine junge Frau – was tun? Und diese göttliche Erwartung des Abends bestaunte mich aus all den einsehbaren Etablissements (zu ebener Erde) und steckte mich an (mit ihrer Erwartung). Und ich wusste gleichzeitig um den Boulevard Saint-Michel mit allen bistrogestopften Seitenstraßen (chinesische Restaurants, Studentenlokale etc.), ich wusste um das große Sich-für-den-Abend-Rüsten um Pigalle, wusste um Concorde und Champs-Élysées und um das Gewimmel, um die Ballung allerlässigster Vergnügungslust in Saint-Germain oder auch im Quartier Montparnasse. Das Gefühl einer unendlichen Variabilität und Unerschöpflichkeit von einunddemselben: von einer großen (vorbereitenden) Pause vor dem Einbruch der Nacht voller Vergnügen. Ich hatte gleichzeitig im Gefühl die Seine, die Brücken und den Dôme des Invalides und die stillen Straßen des Quartier Latin, die gelehrsamen Straßen – ich weiß nicht, was alles zu diesem Gefühl »des stadtweit gedeckten Tischs« gehört, das mich bis zuinnerst begeisterte; das herrliche Weiß und Grau der Bauten gehört dazu, es war alles in allem diese versammelte Verlockung der mit Lebenskunst erfahrensten Stadt der Welt. Es gehörte dazu das Gefühl, dass all das jetzt hier wahrhaft unausschöpflich vorhanden war längs aller Linien der Metro, die mich mit ihren Zustiegen und Ausstiegen und phantastischen Namen einer alltäglich gewordenen Historizität, »Austerlitz« ..., beschwichtigten. Es gehörte dazu alles, was Literatur und Film

mir an Lebensmöglichkeit in Paris bereits zugeschmuggelt hatten, es gehörte das Pandämonium dieser Erschließungen dazu, die Allgegenwart so vieler Existenzen, die alle hier sich ausgelebt hatten – ja: Das gehört zum pariserischen Stadtgefühl, dass die Vorstellung, ohne sich dessen bewusst zu sein, andauernd in Romane abirrt, in Existenzromane, auch in Bilder, in Lebens- und Liebesromane, in Künstlerromane. Es ist schwer, in Paris etwas zu denken oder zu fühlen, das nicht in den Spuren bereits ausgedrückter Gedanken und Gefühle abliefe. Paris, Hauptstadt des 19. Jahrhunderts. Es wäre einmal hübsch, aufzuschreiben, was einem alles dazu einfällt. Diese imaginäre Bevölkerung der Stadt und der Stadt in meinem Gefühl (wenn ich hier bin), diese Verromantisierung des Lebens und der Stadt, automatisch, unwillkürlich, Strudel eines Hineingezogenwerdens in die abenteuerlichste imaginäre Bevölkerung.
Ich werde im Zimmer einen Stadtplan aufhängen und zu Fuß durch alle Quartiere gehen und alles aufschreiben, was sich mir eingibt, was ich beobachte und fühle. In Paris wechselst du auf Schritt und Tritt von einer Realität in eine nächste und übernächste.
Dieses Kommunizieren mit Entferntem und Totem und Versunkenem, das sich als Welthaltigkeit zusammenbraut in dir – dieses schlicht ungeheuerliche Kommunizieren in einem Kontinuum menschlicher Lebens- und Geistesgeschichte.

Im übrigen habe ich die Aufzeichnungen über Paris schon als Jüngling begonnen, als ich über die Avenue Trudaine schlendernd in ein kleines Poesiealbum schrieb, in den Sommerferien 1947, 1948 usf.

September 1980

Die Rue Muller

Ich denke an die Rue Muller, und wenn ich in Gedanken in diese Straße, und zwar von der Rue Ramey aus einbiege, findet eine Art Elysiumsstimmung in meinem Kopf statt, das kommt vom Weiß der Häuser, die sich da die Straße hinanstufen, es sind diese Pariser Lichtfängerfassaden, bei nahem ist es natürlich schon lange kein Weiß mehr, eher ein ganz helles, ins Weißliche spielende Grau, es sind alle Töne drin in diesen kreidigen, kreidepapiernen und papierleichten Fassaden ohne alle Skulpierung, diesen pariserischen Kreidefelsen, die in ihren oberen Straßen den Himmel spazieren führen, es ist eine Heiterkeit, ja eine berauschende Südlichkeit, schon fast Liederlichkeit drin, nein, liederlich, das tönt moralisch, und hier würde ich alles in Winter und mieses Brüten verwandeln, wenn ich moralisch urteilen wollte, es ist eine Lebensleichtigkeit. Und unten auf dem relativ engen Trottoir entlang an meist arabischen Gemüsehändlern, die ihre Kisten außen unterm Sonnendach aufgetürmt haben, entlang an Cafés und Bars, diesen kleinen Unterständen, wo immer welche an der Theke stehen oder am Flipperkasten, überhaupt sind alle Geschäftchen und Pintchen Unterstände und Klönereilokale, an all dem entlang, auf dem Trottoir kreuzen mich Alte und Liebespärchen und ein entschlossener Klempner und eine Gruppe schnatternder Mädchen und eine andere Gruppe witzelnder Angestellter, alles Quartierleute, und alle Quartierleute bewegen sich wie daheim und bei sich, man ist auf diesen Trottoirs ganz intim, nicht draußen, sondern drinnen in etwas, wirklich unter Leuten, ja, und immer die schönen kreidigen Häuser vor Augen, und die Augen klettern hoch an der hellen Pracht, und oben an der Ecke ist ein Plätzchen, auf das zwei Bistros mit Tischen und Stühlen sich belagern, dazwischen eine Bank mit Clochards, die Clochards sind im Gespräch, die Reden nachdrücklich, es sind die Reden von Betrunkenen, sagte ich schon, dass es von diesem Plätzchen aus die Treppe zu Sacré-Cœur hochgeht? Dass das Plätzchen an die schönen hängenden Anlagen von Sacré-Cœur angrenzt? Nun, auf dem Plätzchen spielen außerdem die verschiedenen Hunde der erwähnten Bistros, ein Collie und ein Foxterrier und noch einer, ein Köter, und außerdem spielen Kinder Ball, und dann und wann kommen Gruppen von Touristen vorbei, sie sind über einen Stadtplan gebeugt und suchen Sacré-Cœur, von der Aussicht oben muss ich noch sprechen, doch davon später, ich gehe an einem Schild vorbei, das öffentliche Duschen und Bäder ankündigt, einmal war ich auch in so einem öffentlichen Hygienelokal, das war zur Zeit, als meine Dusche noch nicht funktionierte, nein, es war der Gasboiler, der kaputt war, und wenn wir abends noch in der Gegend von Caulaincourt, etwa von Clichy herkommend, unter den jetzt im Dunkeln herrlich glänzenden Blätterdächern der Bäume heimgehen, und zwar auf Zehenspitzen, um den Bann der Straße nicht zu stören, ja dann können wir auch gleich noch einen trinken, denn da sind immer noch Lokale offen wie neulich nachts, ich glaube, wir kamen vom Kino, und dann saßen wir also noch da unter den Bäumen auf der nächtlichen Straße bei einem Whiskey oder Pernod oder einem Glas Wein, und drinnen im geradezu überhitzt wirkenden kleinen Café, es wirkte überhitzt vor Helligkeit, weil alles rundum in Nachtruhe getaucht war, drinnen lachten ein paar Angesäuselte ausgiebig über einen vom Viertel, der mit einer Ausländerin, Touristin, die sich am Flipperkasten betätigte, englisch zu parlieren sich getraute, wir saßen draußen, und in Abständen kamen die Wogen des großen Lachens über uns, überbrandeten uns, wir waren glücklich, wir waren im Viertel, wir waren in Paris, wir waren daheim, wir mochten noch nicht in die Wohnung zurückkehren.

Über meinen Hügel, la butte, könnte ich jede Menge erzählen, ich könnte den hinteren Anstieg über die Rue Caulaincourt beschreiben mit der Abkürzung, die gleich zur Rue des Abbesses, nein erst zur Rue Lepic führt; ich könnte alle Straßen um den Weinberg beschreiben, weil ich in diesen Straßen den Wagen abstellte; ich müsste von jenem Café erzählen, wo ich sonntags meine Zigaretten hole, weil sonst weit und breit alle Bureaux Tabac geschlossen haben, dieses Café ergreift mich, wie übrigens die meisten, tief, jedes Mal, es liegt an der Menschlichkeit drinnen, natürlich auch am Rahmen, der Rahmen ist immer ausgesucht schön, aber drinnen der mit dem überdimensionierten Schnauzbart und die liebe Alte am Tabakstand und das Paar mit dem Kinderwagen und wieder die Leute aus dem Viertel, die bei sich sind.

25. Oktober 1980

Heut morgen um sechs Uhr die Stadt von Sacré-Cœur aus begrüßt, angebetet, es war kalt und nächtlich, wir kamen vom Flohmarkt in Montreuil zurück, ganz wenig Leute, die durch die Straßen schlichen, zwei Polizisten, die mit einem Funkgerät Schabernack trieben, ein verlorener Hund, Irish Setter, irrte herum, stellte sich in Angstdistanz auf und heulte, weinte, eine Hündin. Die Stadt in dieser Nachtmahrillumination, in einem vagen Dunst mit Glutkernen, in einem Glast, das Häusermeer mit den Wahrzeichen, in einem Urknäuelzustand, und wir von dieser Empore von Sacré-Cœur aus begrüßten die Schöne, Nächtliche. Danach im Café bei der Mairie gefrühstückt, heiße Croissants, während andere schon ihren kleinen Rosé, ihr Bier, ja einen Cognac kippten. Und ein Schuljunge flipperte bereits, aber die Straßen waren noch in diesem abweisenden abwesenden Ausnahmezustand vor Anbruch des Tages. Wir hatten in Montreuil auf dem diebischen Flohmarkt – für unseren Ramschladenfreund – eingekauft; zwei Bonbonnieren, Jugendstil mit Porzellanfiguren in reichen Satin- und Samtgewändern als Deckel; ein Lot von acht Reklamebildern, Bildnisse großer Männer samt ihren Aussagen gegen den Alkohol; eine Lampe. Wir waren um fünf draußen an der Porte de Montreuil, wo die ersten Händler im Dunkeln ihre Waren auf dem Boden ausbreiteten und die Käufer, Händler auch sie, Einkäufer eben, mit Taschenlampen herumgeisterten; das Ganze ging stumm und rasch vor sich, eine Stimmung wiederum wie im Krieg, Aura des Heimlichen, im Schutze der Nacht. Eine neue Situation, ein neues Partizipieren in dieser Stadt, diktiert vom Willen, hier anders als nur zu gastieren, nämlich einheimisch zu werden. Haben allerhand Stabilisierung eingeleitet.

20. September 1995

In Paris wie immer nach längeren Abwesenheiten in kürzester Zeit und geraffftester Manier auf Kreuz- und Querfahrten und -gängen Besitz ergriffen von meinem Revier und aufgeatmet und die Seele sich weiten lassen und das Heimkommen genossen. Als ich, von meinem Studio kommend, die Rue de Lisbonne entlanglief, um den Bus Nr. 84 zurück zur Concorde zu erwischen (ich hatte die von Amélia gebügelten Hemden dabei und etliches Material aus dem Atelier), den wunderbaren Parc Monceau mit den Regendüften noch als Einstimmung auf einem inneren Bildschirm, wenn man so sagen kann, jedenfalls ging ich beschwingt und bewegt, und da lief ich an der Caféterrasse eines Bistros vorbei, schaute durch die Scheiben auf die einzelnen Sitzenden an ihren Tischchen und achtete, ohne recht daran zu denken, auf ihre Getränke, ich sah die Dame vor ihrem Tee und den Burschen vor einem Bier und ein Mädchen vor einem Mineralwasser und Aschenbecher und andere vor Weingläsern, irgendwie achtete ich darauf, und die kleine Parade der ein jeder vor einer anderen Bescherung sitzenden Gäste hinterm Glase, fast hätte man denken können, jeder Einzelne sitze in einer Kapelle, und draußen der Regenwind mit dem würzigen Duft, und das Bild ging wie eine Legende in mich ein, weiß nicht, warum. Es war Trost und Glück, mit Augen in diese Bistrovitrine hineinzutauchen und die einzelnen Aufenthalter an ihren intimen Raststätten zu kontemplieren, warum war es ergreifend? Weil man die unendliche Stadt mitdachte – hier, wo der Fluss Lethe durch den Abend floss? Muss darüber nachdenken.

15. Februar 1992

An den Häusern vorübergehend, kann ich sagen, ich trete in ihren Schatten. Was ist der Schatten? Schwalle von Innenluft, Innenwelt, jedes Haus hat diese unsichtbaren Vorfelder. Wenn ich (wie in den geworfenen Schatten) eintrete, werde ich erfasst von Intensitäten, vergleichbar stehenden Mückenschwärmen. So viel Andrang. So viel Futter für Gedanken. Ich trete in den Bereich der Menschen. Leere Plätze in der Stadt, abends in der Dunkelheit. Wie die riesigen Räume zusammenfallender Straßenzüge ihre Stille einherwälzen über dem braunteerigen Belag. Das gibt es nur in den wirklichen Großstädten: dieses Kontinuum, die Steinleere, die speichelglatte Wüste mit dem Donner der Erinnerung. Es ist das Hallen nicht nur der Geschichte, sondern der Heere von Menschen und Menschheiten, die hier ein und aus gingen, umgehen. Und jetzt sind nur die paar Buslinien in Betrieb und die paar Fahrzeuge, um die Räume auszumessen.

21. Februar 1992

Wenn ich über die Rolltreppe oder die Steintreppen von der Metro ans Tageslicht emportauche, und manchmal ist es ein Taumeln, bin ich von Stadt umfangen – das breite Trottoir, die guten Grisaillen, der Blumenstand, die Fronten der verglasten Caféterrassen, das Menschentreiben, das schaukelnde Blatt, die Ahnung Himmel, das stadtgetönte Licht, die wie Fahnen in alle Windrichtungen laufenden Straßen und nirgends eine Lücke und Leere und das Brummen, Dröhnen, Kreiseln von Verkehr. Und oben am Treppenaufgang der Marroniverkäufer – sieh, jetzt sind die Marronistände in den Händen der listigen, gutmütigen, fleißigen Pakistani. Wie der da mit seinen Fingern eine Kastanie nach der anderen aus dem Feuer holt, wendet. Der Rost ist bei näherem Hinsehen ein durchlöcherter Fassboden, der Ofen ein halbiertes Ölfass, auf ein Warenhausrollwägelchen montiert, das Ofentürchen aus Pappkarton. Gute Qualität die Marroni. Dritte-Welt-Technologie als Zubehör. Aus dem Blumengeschäft wankt ein steinalter belgischer Schäfer mit verdrehtem Kopf und mindestens einem lahmen Bein. Der Hund lahmt nicht, er ist von Gicht geschlagen. Er bewegt sich so wie die großen Stofftiere auf der Bühne, die unterm simulierten Fell von einer Menge Akrobaten gesteuert werden, er bewegt sich wie die komischen bühnenreifen Tausendfüßler für Kinder, nur sind es nicht Komiker, sondern seine uralten Glieder, die ihm das Fell schleppen. Gnadenbrottier. Eben ging da ein merkwürdig tänzelnder Mann am Arm einer noch jüngeren Dame, er muss Parkinson haben oder sonst ein Nervenleiden, sonst einen Fluch, der ihn zu diesem aufreizenden Repetiersprung, Scharwenzeln zwingt. Um abzulenken oder um abzusehen von seinem Gebrechen, spricht er energisch auf die Begleiterin ein, die sichtlich Mühe hat, den Schritt zu verhalten. Beide sind gut angezogen. Die Dame trägt eine steinerne Miene zur Schau. Und dann mitten auf dem Trottoir eine Gruppe Sich-Verabschiedender. Es sind jüngere Leute, prickelnd vor Unternehmungslust, sie mimen geziert Wangenküsse, und während ich, auf gleicher Höhe mit ihnen, einen Blick wage, steht der gelackte Mund der Dame wie ausgeschnitten in der kalten Luft – Kussmund, zum Mitnehmen.

Das Fahren in der Vorstadtbahn, oberirdisch. Das angenehme Schnurren, die wechselnden Ausblicke, alles, was das Auge einfängt, ist unverhofft, die Bewegung gepolstert. Ich fahre zur Zeit zwecklos viel, als könnte ich so das Schreiben in Gang bringen, als könnte ich in der Erregung ankommen oder besser etwas so lange berennen, bis es mir wie Schuppen von den Augen fällt. Ich denke an die Gangart meines Prosatextes, an Kurven und Hakenschlag und das unterschwellige Skandieren; und das Unerhörte, das aus dem Ereignislosen aufbrechen kann. Etwas wie Warmluft würde mich und den Leser erfassen und nicht nur Röcke im Aufwind plustern.

Muss immer wieder an das finstere Treppenhaus meiner Kindheit denken und wie es den ankommenden Jungen mit seiner Ödnis verschlingt. Das ärmliche Lebensbeispiel in Stockwerken aufgestockt, die hämisch blickenden Wohnungstüren, die kurze gestundete Zeit beim Treppensteigen, das trostlose Eingefärbtwerden wie Gehirnwäsche. Die vertikale Sackgasse. Vor diesem Hintergrund sind meine Spaziergänge zu sehen und wie ich alles interessant zu machen versuchte. Wie der Sämann warf ich im Gehen die

Körner meiner Phantasie aus und ließ die Saat aufgehen. Und dennoch ist in dem übelriechenden Schlund des Treppenhauses allerhand Existenz. Verkeilte Quader, die es zu öffnen gilt.

18. März 1992

Einmal in Metrogängen aus den Augenwinkeln eine Frauenerscheinung notiert, die mich gleich faszinierte und mit der größten Ungeduld, ja Gier ansteckte. Ich hatte nicht mehr als eine Silhouette und einen Gang und eine Ahnung von Beinen und Schreiten und vielleicht Wiegen, von Gürtung, von Haar und Haarfall und Profil erhascht und war dermaßen erregt, wie wenn das Unwiederbringliche an meinem Horizont erschienen und entschwunden wäre. Woher die Gewissheit, dass sie etwas von mir dermaßen entsprach, woher? Ist es das Glücksversprechen, das Glück, das da vorbeizog und entschwand? Und wäre es mit dem Haben gehabt gewesen?

Ich sprach von der Silhouette einer Vorübergehenden und vom darauffolgenden Alarmzustand (früher nannte ich es: Die Depesche ist eingetroffen). Frage: Was ist die Verheißung? Von genau diesem Mund die Worte und meinen Namen (!) geformt zu hören, von diesen Armen und Händen berührt, von diesem Menschen geliebt, von diesem Leib empfangen zu werden? Ist es das? Eine tiefe Schönheitssehnsucht, die in Erfüllung ginge? Ein Traum, der sich wie ein Falter herabließe, konkretisierte? Von ihr »erkannt« zu werden, dieser Einen? Ich weiß es nicht, weiß nicht, was diesen Alarm, diese Erweckung, dieses Begehren auslöst; den Reiz, Lock- und Anruf. Jetzt. Hier.

19. September 1994

Der Tod der Taube

War eben erst angekommen, war also endlich wieder in Paris, hatte die ersten Rituale der Rückbürgerung hinter mir und lief in einen frischen Morgen hinaus, erst einmal, um mir Zeitungen und die Carte-Orange für meine Bus- und Metro-Zirkulationsfreiheit zu beschaffen; überquerte die Straße und sah mitten auf der Fahrbahn eine zusammengekauerte graue Taube, eine Art Hutzelweibchen, zerzaust war sie und in sich verkrochen, eine kleine, unansehnliche Federkugel, schon nicht mehr ganz von dieser Welt. Und ein Wagen fuhr auf sie zu, mit einer jungen Frau am Steuer, ich sah die Frau nach dem Vogel ausschauen, die Fahrt verlangsamen, achtgebend, dass sie das Ding da ja nicht überfahre, und ich sah, während der Wagen vorsichtig anrollte, die Taube zur Seite humpeln, dachte, die Frau wird sie verschont haben, und wartete, dass das Vögelchen heil zum Vorschein komme; doch sie blieb plattgewalzt zurück, die Taube. Muss sich mit einem letzten Elan unter das Rad gelegt und umgebracht haben. Es sah mir wie Selbstmord aus. Alte Tauben bringen sich in der Regel ins Abseits zum Sterben. Ich kann welche in dunklen Mauerecken harren, des Todes harren sehen, man begreift gleich und würde nie eingreifen. Doch diese Taube da, diese Alte, die wieder ein schrumpliges Täubchen geworden war, hatte sich zum Sterben auf die Fahrbahn begeben. Und die Frau sah ich den

Hals verdrehen in der Hoffnung, sie habe das Vogelwesen nicht überrollt. Weiß nicht, ob sie danach im Rückspiegel das Häufchen zerdrückter Federn noch wahrgenommen und dies oder das dabei gedacht hat. Angekommen und den Tod der Taube erlebt am ersten Morgen.

26. Februar 1996

Heute im Bus ein Trio beobachtet, zwei junge Frauen und einen jungen Mann mit Rucksack und weiterem Gepäck, der der einen der Frauen im Gesicht wie ein Zwilling glich. Es waren schöne Gesichter, im Profil jedoch Schafsgesichter, die Stirn gehörnt und die Augen ungewöhnlich hoch unter das Stirngewölbe geschoben. Die Schwester war die hier Lebende, Pariserin, das Paar kam zu Besuch und hielt Händchen oder knüpfte Finger ineinander, während die Hiesige allerlei im Plauderton erklärte und überhaupt die Führung innehielt. Das Gepäck verstopfte den Mittelgang zwischen den Bänken und Abteilen, und immer wenn jemand, etwa ein Alter, sich durch den winzigen übriggebliebenen Freiraum durchzuquetschen suchte, fingerte die Hiesige, eigentlich nur pro forma, am Rucksack herum und mimte Hoffnungslosigkeit durch Hochziehen der Augenbrauen, während sie gleich sehr pariserisch lebhaft und zugleich gewollt beiläufig in ihrem Geplauder fortfuhr, das kein Belehren, sondern Selbstsicherheit und einfach leichthin geführte Konversation war. Das andere Mädchen suchte den Kontakt, Fingerkontakt zu ihrem Mann, um alles nicht zu verlieren, was sowohl zärtlich wie besitzerisch wirkte, jedoch auch Schwäche war, sie war ja Minderheit. Sie war hübsch und von anderem, unschäfischem, dunklem, molligem Schlag und beobachtete die Rivalin mit Seitenblicken, die zwischen Bewunderung, Neid und Misstrauen spielten. Der junge Mann lachte manchmal kurz auf und war sonst leicht abwesend, möglicherweise aus Verlegenheit. Kam das Pärchen aus der Provinz oder von einer Reise? Ich trat einem sehr alten Mann mit großer Tasche meinen Sitzplatz ab, was er dankend akzeptierte.

28. Februar 1996

Heute »À la bonne table« Rue Seveste unterhalb der Gärten von Sacré-Cœur, eingekehrt, in diesem mir bereits von frühen Tantenbesuchen bekannten und in meiner ersten Pariser Zeit nicht nur frequentierten, sondern besonders lieben Montmartre-Quartierrestaurant: ein Pilgergang? Ich rase ja neuerdings wieder kreuz und quer durch die Stadt, fresse mich richtiggehend voll mit Pariser Bildern, Lebensmaterial. Nachholbedarf? In-Gang-Setzung der inneren Schreibmaschine im Sinne der Übersättigung, die das respondierende Formulieren wachruft.

27. Dezember 2009

Heute Sonntag bei wie neulich großer Kälte eine lange Busfahrt nach Montmartre unternommen. Erst hatte ich die Idee, ins 18. Arrondissement auf den langen afrikanischen Markt zu fahren, und geriet mehr oder weniger zufällig in den 95er Bus und sah mich unverhofft (?) über Saint-Germain in die Louvre-Gegend mit plötzlich sonnigen Ausblicken Seine-auf-und-abwärts und die Tuilerien in meine alte Heimat

Palais Royal/Comédie Française mit den großen Architekturgebärden eintrudeln und über Opéra und Saint-Lazare gegen Clichy und über den Friedhof Montmartre in die Rue Caulaincourt (nun im 80er Bus) in meine alte erste Tantenwohngegend, die mir von den Fahrten ins Atelier (Rue André Barsacq) von neuem vertraut geworden ist, einmünden, Stimmung »Fell der Forelle«; dann Jules Joffrin, Mairie 18e, wo wir geheiratet haben und alles an die innige Liebeszeit, Besitzlosigkeit, Hoffnungsfreudigkeit erinnert; von da war ich damals immer mit dem Bus 31 ins Atelier Rue Troyon/Étoile/Wagram/Mac Mahon mitten ins Schreiben vom »Jahr der Liebe« gefahren (s. Buspassage im Buch).
Nun war ich also wieder da. Und der kleine Montmartrebus war auch da, der Schnüffelhund. Den bestieg ich und fuhr nun kreuz und quer über den Butte Montmartre, über den Place du Tertre und den Place des Abbesses bis Pigalle hinunter – so wahnsinnig viel Erinnerungsversammlung aus den einsamen Anfängen sowohl wie aus der *Forellen*-Welt, mithin dreißig Jahre umspannend –, und so viel Leben durcheinanderwirbelnde Geistesverfassung zwischen den Lebensaltern wiedererweckend und das daran klebende Straßenleben; nun, ich kann nicht die so verschiedenartigen Populationen und Quartiere und Stimmungen memorieren, unmöglich; und von Pigalle im 67er Bus wieder runter über Notre-Dame de Lorette und die Rue Richelieu und den Louvre an der Seine entlang zum Châtelet, und vor dem Gerichtsgebäude mit Ausblick auf Notre-Dame in meinen 38er bis Observatoire. Die ganze Busreise dauerte annähernd zwei Stunden, die Erlebniszeit etwa eine Vier-

telstunde, und doch war ich durch fast das ganze Konzentrat meiner Pariser Existenz gereist. Dachte mir, ich würde die Fahrt meiner Schwester verpassen, sollte sie es wirklich schaffen, mich noch einmal hier zu besuchen. Und dann hatte ich gedacht, ich möchte es mit Odile tun, Einladung nicht zur Enthauptung (Nabokov), sondern ins Unbegreifliche unseres Schicksals.
Meine Anfänge spielten im Norden von Paris, die längste Zeit im Herzen des 1. Arrondissements, und nun lebe ich im Süden. Montmartre und Montparnasse sind Künstlerquartiere, das rechtsufrige Palais Royal ist Architektur und Parks und die Bibliothèque Nationale, edler Rahmen ohne nennenswertes Quartierleben, noble Residenz. Und war die Keimzelle von allem, Aufklärung und Revolution.

19. Juli 1988

Mit Bus Nr. 60 über die Rue Ordener, Rue Riquet, Rue de l'Ourcq, Rue de Crimée, die Rue de Flandre und den Canal de l'Ourcq sowie die Avenue Jean Jaurès streifend oder besser kreuzend nach dem Place des Fêtes. Zentrum ist die Rue de Flandre. Die neuen Hochbauten. Bereits nach der Rue Ordener, wenn man Marx Dormoy kreuzt, wenn man den Bahnübergang überfährt, ersteht die Ansicht der modernen Klippen, das schneeige Stalaktitengebilde (oder bleckende Gebiss) der modernen neuen Zone um die Rue de Flandre. Hier war einst ein armseliges, doch intaktes Kleineleute- und Arabergebiet (Villette-Gegend, 19. Arrondissement), kleinmaßstäblich, verwachsen, verrunzelt, voller Patina, Lädelchen, winzige Schenken, ein altersgegerbtes Gebiet;

nun sieht es aus wie nach einer Sprengung: Es wirbeln und ragen die hohen Trümmer der Hochhaustürme, eine Art Strandgut, ein Auswurfpanorama, und rundherum irgendwelche mehr oder weniger phantasiearmen Siedlungen, d. h. Wohnbarren, und zugehörig die obligaten Einkaufszentren. Man kann sagen: Es wird die Intimität, der kleine Grenzverkehr über die Straße, das aus vielen Privateinheiten sich ergebende Alltagsgeschwätz, die Kleinstruktur, eine Freiheit, die mit dem Recht auf Armut und kleiner Delinquenz und allerlei Improvisation zu tun hat, zerstört; viel Stimmung, viel Individualismus, eine Art Dörflichkeit; und ersetzt wird dieses *ansässige* und am Ort wimmelnde Leben durch ein anonymes Untergebrachtwerden samt gewissem Komfort um den Preis des Kontaktes, des Straßenerlebens, es kommt eine Art Einsargung in hohen Lüften zustande, Eintopfgesicht gegen das frühere Vielgesicht und die Vielschichtigkeit, gegen die Dynamik des Wimmelns in den Niederungen – nun, das gilt nicht nur für Paris-France, das ist ein allgemeiner Status und Notstand.

15. März 2010

Mit Enkelin Xenia – wunderbare gemeinsame Tage – und Igor in der Ausstellung Lucian Freud im Beaubourg gewesen. Natürlich ist man schockiert von dieser Ausbreitung von großformatigen Akten von vorwiegend alten bis difformen Körpern, Nackedeien der Hässlichkeit, die *nackte Wahrheit* fürwahr, sagt sich der Besucher, wie kommt der Maler nur zu dieser Thematik und Ausschließlichkeit? Vielfach sind es Selbstdarstellungen, der Maler alt, an die neunzig, würde ich denken; und was ebenso erstaunlich ist, scheint der Erfolg, die höchsten Preise, das höchste Ansehen. Und das in einer Zeit, wo das Körperideal überirdisch geschönt und geliftet und rank und schlank und ohne Makel ist – soweit die Gazetten, die Werbung, die Mode es zeigen und befehlen. Freuds Farbigkeit ist fahle Fleischfarbe, die Körperlichkeit faltig und wulstig und ohne Scham inklusive der Geschlechtsteile, all der Hodengehänge und fürchterlichen Penisse mit der knospenden Eichel und der faltigen Vaginas und Fotzen. Es ist aber nichts von Karikatur im Spiel, nichts von Verhöhnung, nichts von Demaskierung, nur die nackte Wahrheit in der leiblichen Hinfälligkeit oder wulstigen Dickleibigkeit, aber warum nur? Angesichts dieser Aktdarstellungen denkt man, dass die Aktmalerei der ganzen Kunstgeschichte Idealmalerei ist oder Reizmalerei, Verführung und Feier der Schönheit, vor allem aber, dass der alte verbrauchte Körper einfach nie Gegenstand der Kunst gewesen ist, es sei denn bei einem George Grosz, doch da ging es um Sozialkritik im Hurenmilieu, um Denunziation. Der verbrauchte Körper wird nicht ausgestellt, vielleicht bei den Nudisten, wenn auch nicht als Aktmodell, oder im KZ vor dem Gas.

* * *

Die beiden Briefe, die ich spätnachts noch in einer unsinnigen Freude geschrieben habe, während die Jazz-Sendung lief, habe ich in Beats vornehmem Hotel am Empfang aufgegeben, jetzt fühle ich mich uneingeschränkt disponibel. Wir werden bald zum Essen aufbrechen, Beat, iss jetzt nicht zu viel, denn ich will ihn in die portugiesische Kantine entführen, die ich vor Kurzem erst entdeckt habe, draußen schon fast bei der Porte de Clignancourt. Um die Zeit auszufüllen, machen wir einen beachtlichen Umweg über den Place des Abbesses, dann den Boulevard Rochechouart hinunter plus Abstecher in die Araber Straßen, die so verrufen, aber so herrlich lebendig sind, und, ja, beinah abartig, weil so ganz hermetisch für unser Gefühl, sie tragen Namen wie Rue de la Goutte d'Or und Rue de Chartres und sind der reine Orient. Dann den Boulevard Barbès entlang mit seinem geschäftigen Sonntagsmarkt und weiter den Boulevard Ornano. Entkommen, entkommen, jubelt eine Stimme und ein Stimmchen in mir, während wir promenieren.

Ja, wie die andere Stimme gejubelt hat, die Klarinette dieses jungen Mannes, Student wohl, der mit zwei Banjo-Spielern und einem Bassisten vor dem Warenhaus Printemps, kürzlich, letzte Woche war's, aufspielte, und eine beachtliche Menge blieb und blieb und konnte sich nicht lösen, auf dem verbreiterten Trottoir vor dem Warenhaus, Junge und Alte, Farbige und Weiße und Kinder, und ab und zu ging jemand vor, um ein Geldstück in den Instrumentenkasten am Boden zu werfen, das war so rührend, diese Gänge Einzelner, diese Bühnengänge zu Danksagungszwecken, es war überhaupt nicht ›so im Vorbeigehen‹, weil die Leute, die Spender, ja gleich wieder in den Kreis der Zuhörer zurückkehrten, es war ein Danken, ja, ein Einzelgang – wie zu einem Altärchen; ein Obolus, ein Kranzniederlegen, eine Verbeugung, ein Manifestieren war's. Diese Loslösungen Einzelner, die da zu den vier jungen Musikern oder Musikanten vortraten, schüchtern die einen, darunter ganz alte Leute, behutsam andere, wie um nicht zu stören, alle aber um zu bezeugen, aber was? Dankbarkeit, Einverständnis, Solidarität? Es war mitreißend, die Klarinette vor allem war es, die aus diesem ganz jungen Kerlchen herauswuchs, wie ein verlängerter Mund, ein Rüssel, der mit der linken aufgeblasenen gebeulten Backe zusammenzuhängen, zusammengewachsen zu sein schien, und das Kerlchen war ganz und gar Musik, schriller jubilierender wunderbar getragener durch und durch vibrierender reißender mitreißender Klarinettenton, der ganze Bursche war Ton, Aufstand und Klage und Trost, die Tonmelodien hingen geradezu sichtbar aus seinem Munde, aus dem Körper, den er manchmal wie lauernd und befeuernd in die Hocke beförderte, das Instrument den drei Kameraden zugewandt, *eine* Herausforderung und Befeuerung, und die Banjo-Burschen und der kleine Dicke am Bass steigerten sich sichtlich; wie das schallte, klagte, jubelte, riss und riss, an unseren Gefühlen riss. Manchmal, wenn die Banjos begannen oder der Bass ein Solo einlegte, setzte er sich auf den Warenhaussockel, klein und vornübergebeugt, mit dem rechten Fuß den Takt skandierend und ganz leise, fast murmelnd, eine Begleitmelodie, Begleitung zu den Auftritten der anderen intonierend, bis es ihn wieder hochriss bei seinem Einsatz und die Luft und unsere Herzen zersprangen. Niemand konnte sich lösen, und zwischen den Musikern und den Zuhörern gab's überhaupt keinen Kontakt außer diesem tiefen, den die Musik vermittelte. Später im Warenhaus drinnen, als ich nach einer Handtasche für meine Mutter Ausschau hielt, einer Tasche, die ich ihr als Geschenk zum kommenden Geburtstag mitzubringen gedachte, zu ihrem neunundsiebzigsten, hörte ich die Musik immer noch, aber ich war nicht sicher, ob ich sie wirklich hörte oder ob sie dermaßen in mich übergegangen, eingegangen war, dass ich sie nun in mir spielen, schmettern, klagen und siegen hörte, und verspürte nur Liebe für alle anderen, die draußen mit mir im Ring gestanden hatten an diesem Vormittag.

* * *

Warmschreiben nenne ich dieses Notieren, mein tägliches Geschäft, ich hätte auch sagen können: warmlaufen. Warmlaufen, um nicht einzurosten, um mich in Gang zu halten. Oder geschieht es einzig, um diese grausliche Freiheit oder Leere zu unterlaufen? Ich bin in Paris, aber ich bin in diesem schachtelengen Zimmer, und die Zeit vergeht. Ich warte.

* * *

Dieses Warten, ein Belagern meiner selbst. Und dann schlafe ich wieder, mitten am Tag, am Nachmittag mit Vorliebe, übrigens ganz ohne schlechtes Gewissen. Das Schlafen gehört zum Arbeiten, sage ich. Vergessen. Vergessen, was da oben im Hirnstübchen, im Kopf vor sich geht und sich anhäuft.

Absinken lassen. Traumgierig lege ich mich hin, aufs breite Bett, während der Taubenalte hinter seinen Tauben her ist oder an seinem Bildschirm klebt, und während das Kleinkind kräht, lege ich mich hin, ein Gliederstillleben, breitbeinig, und nehme den Nachmittag wie eine sanfte weiche Daunendecke über mich. Danach dauert's eine Weile, bis ich wieder ganz da bin. Erst spüle ich mir den Mund aus mit meinem bevorzugten Eau de Botot, dann krame ich herum, in Briefen, aber lieber noch in der Küche, Haushaltsarbeiten verrichte ich mit einer wollüstigen Pedanterie, als könnte ich mit dieser Perfektion etwas wettmachen, Arbeit simulieren. Ich trödle, bis sich etwas zu regen oder gar zusammenzusetzen beginnt in meinem Kopf oder Geist, etwas vielleicht im Schlafen Vorbereitetes aufzutauchen, sich zu formieren beginnt, Eisbergspitzchen, die ins Bewusstsein ragen, daran halte ich mich fest, während ich weiterkrame. Die Spitzen oder Eckchen lasse ich nicht aus den Augen. Warten. Dieses Warten, zum Beispiel auf die Metro, mit den anderen Wartenden zusammen auf der feingliedrigen schmalen langen Bank. Von dieser Bank aus wirkt der Tunnel der Untergrundbahn weiträumig und flachgewölbt; und glitzernd in seiner weißen badestubenartigen Kachelung - eine umgestülpte Wanne. Das ist wie am Ufer, dann flutet's und donnert's wie von einem eben freigelassenen Strom, wenn der Zug aus dem schwarzen Schlund auftaucht und einfährt und sich in seiner hellerleuchteten Vielfenstrigkeit vor die rundgewölbten Wände mit den Riesenreklamen stellt. Wenn er sich nach kurzem Halt und dem Hupen, das das automatische Türenschließen ankündigt, entfernt, ist's wieder die

weite leere Halle, die Wanne, und das Flussbett ist tief anzuschauen, leer bis auf die Schienenstränge, ein Schacht. Und wieder Warten, zusammen mit anderen, die auf den Bänken schlafen, Clochards, die ihren Rausch ausschlafen, ihre Zeit, ewige Freizeit.
Und vor den glitzernden Wänden nehmen sich die Leute am anderen Ufer ungemein kostbar aus, wie nie gesehen, viel Farbige darunter, Afrikaner, Asiaten, Kariben, Franzosen aus den überseeischen Gebieten; ganz Alte, die mit diesen unwahrscheinlich kleinen Einkommen leben müssen, und ganz Junge, Studenten, Touristen; und einer ohne Schuhe, mit Fußlappen, der immer hin und her läuft und sich dann auffällig unauffällig immer anderswohin stellt, neben den Kaugummi- und Nüsschenautomaten und dann wieder vor eine Gruppe Touristen. Und alle sind sie Schicksalsgenossen, gemeinsam am Ufer, Wartende in dieser schön illuminierten Unterwelt oder gemeinsam unterwegs auf einer kleinen Reise ans Ende einer kurzen Nacht, die wieder in den Tag führt, ganz anderswo in der Stadt. Dann ist es ein In-den-Tag-Kommen mit staunenden, neuen Augen: in eine Avenue auftauchen, einen Boulevard mit strömendem Tagleben oder ausgestorben, die Straße, in der steinernen Abweisung ihrer hohen Häuser. Die blinde Fahrt und das sehende Auftauchen. Manchmal hatte ich, nach mühsam herumgebrachten Stunden versuchter Arbeit, wenn ich endlich aufbrach und durch die Sperre die Treppe hinunterlief, die zu meiner Linie führt, hatte ich da unten im hell schimmernden Tunnel beim Anblick der Wartenden eine derartige Rührung empfunden, dass mir die Tränen in die Augen schossen, warum,

warum nur? Weil ich unter Mitmenschen war und merkte, dass ich sie mochte, alle ohne Unterschied? Oder einfach, weil welche da waren und ich immer noch da war, obwohl ich zu Hause in meiner Einzelhaft *weg* gewesen war, und nun war ich da, bereit, mich befördern zu lassen. Ich liebe die Metro. Die Straße vor und zur nächsten Station laufen, ist immer ein *Weglaufen*, und schon beim Abstieg, im Anprall dieses warmen, dumpf-fauligen Aufwinds, der einen anfällt und packt, dass man sich dagegenstemmen muss und nach den wegflatternden Mantelschößen greift, an den paar empor und ans Tageslicht steigenden Unbekannten vorbei, die ich grüßen möchte, ich grüße sie insgeheim, schon beim Abstieg wird mir immer gleich wohl und leichter.

Unten habe ich immer dieses Solidaritätsgefühl, weil ich vor lauter Mit-Laufen, Mit-Gehen ganz von mir absehen kann, ganz von mir freikomme. Mehr noch als an den Stationen empfinde ich es in den langen hallenden Gängen, die man beim Umsteigen von einer Linie zur anderen zu durchqueren hat. Es ist kühl und kahl hier, und ich laufe in diese andrängenden Gruppen, Massen, Armeen hinein, bis ich nur noch Beine sehe, mich kreuzende Beine, Hosenbeine, Strumpfbeine und Schuhe aller Art, hochgesockelte, Stöckelschuhe und Espandrilles, Turnschuhe, Stiefel. Ein Wald von Beinen, Scherenbeinen. Und manchmal irren Töne und Fetzen von Melodien herum in diesen unterirdischen Gängen, die stammen von Musikern, immer sind da unten Musikanten, die ihren Teller oder Geigenkasten oder sonstwas, auch nur einen Fetzen Papier, vor sich liegen haben, um so an die Mildtätigkeit der Passanten zu appellieren. Ich kenne einige von ihnen. Da ist ein schon fast verblichener Alter, er ist so unscheinbar wie eine Geheimschrift, die sich von selber auflöst und auslöscht, und er spielt, da er kein Instrument kann, alte Platten auf einem Grammophon. Immer sind da Akkordeonisten, häufig auch junge Leute, die ernsthaft einen Vivaldi oder sonstige Altmeister ab Blatt fiedeln oder flöten. Am meisten aber liebe ich die Saxophonspieler, die in die gleißenden Rüssel ihren Jazz dudeln, das verfolgt einen lange durch die langen Gänge, Töne, Tonfetzen, verirrte Tonseelen. Manchmal hat man gleichzeitig den sonoren brabbelnden Klang eines solchen Bläsers und die Kehren eines Musette keuchenden Akkordeonisten im Ohr.

* * *

ABER WO IST DAS LEBEN, FRAGTE ICH MICH BANG in meinem Schachtelzimmer an meinem Tisch mit Blick auf den Taubenalten, der mir seine Tauben herüberschickte. Ja, in letzter Zeit schien es mir, als machte er sich ein Vergnügen daraus, die unerwünschten Tauben mit einem Händeverwerfen in meine Richtung mir zuzujagen. Ich ging nicht darauf ein. Wo war das Leben? Es stand an der Ecke in der Gestalt von Eckenstehern; es wurde in der Metro durch die unterirdischen Kanäle befördert und zutage geschaufelt; es nahm mich in die Arme in den verschwiegenen Zimmern der *maisons de rendez-vous;* es glitt über die Mattscheibe des Fernsehgeräts; es verbarg sich in der Stadt; es lief durch meine Gedanken. Aber nahm ich teil an dem Leben? Ich teilte weder die aussichtslosen materiellen Bedingungen der Farbigen in meiner Umgebung, noch die Fragen der Intellektuellen in den helleren Gegenden, ich nahm nirgends teil, auch nicht am politischen Leben dieser Nation, zu der ich nicht gehörte, ich partizipierte nicht, ich saß in meiner Zimmerhaft, klammerte mich ans Papier, ich stürzte mich über die Schreibmaschine aufs Blatt, damit etwas bleibe oder sich zeige, an dem ich mich festhalten konnte. Oft hatte ich das Gefühl, als ob ich hier weniger lebte, als ob ich einfach Leben ließ – so wie der Clochard auf seiner Bank Wasser ließ. Und doch war ich hergekommen, um das Leben zu gewinnen. Das Leben ist zu verlieren oder zu gewinnen, hatte ich großspurig behauptet, als ich jenem Mädchen begegnet war, das mich mit dieser Liebesvergiftung infiziert hatte. Es war auf einer Auslandsreise, wir waren uns vorgestellt worden, und nun saßen wir im Kreise von Bekannten und Unbekannten in einer Griechenkneipe, tranken und schwatzten und tranken, und auf einmal richtete das mir gänzlich unbekannte Mädchen die Bitte an mich, etwas zu sagen. Ich dachte, was meint sie mit *sagen*, was kann ich ihr schon sagen, wir kennen uns so gut wie nicht, was um Himmels willen meint sie nur. Sagen Sie etwas, wiederholte sie, und so sagte ich, ich weiß nicht aus welchem Grunde, diesen Satz, ich sagte, glaube ich, ich habe nichts zu sagen, es gibt nichts zu sagen, es sei denn: Das Leben ist zu verlieren oder zu gewinnen. Und noch in derselben Nacht lagen wir beisammen, aber ich wusste gleich, es war kein Abenteuer, dies war kein Abenteuer, es war auch »keine Konversation mit Händen am anderen Leib«, es war Vernichtung und Offenbarung zugleich, ich wusste nicht, wie mir geschah, aber seitdem ging mir immer das Wort UNIO im Kopf herum, ich weiß nicht, ob dieses Wort da war, weil ich zum ersten Mal in meinem Leben eine solche Verschmelzung und wohl Vermählung erfahren hatte oder ob mir da erst aufgegangen war, dass es so etwas geben könne. Ich fuhr vergiftet nach Hause, und zu Hause sagte ich meiner Frau, was mir geschehen war, ich musste es aussprechen, weil mir bewusst war, dass jede Zelle meiner leiblichen Person in der größten Deutlichkeit davon kündete, es war nicht zu verheimlichen, mein verändertes Wesen sprach es aus. Ich stand vor meiner geliebten Frau und musste die mörderische Wahrheit bekennen. Danach saßen wir nächtelang vor der zerbrochenen Ehe. Ich weinte mit meiner Frau, aber ich lechzte nach meiner Geliebten, so sehr, dass ich sie wiedersehen musste. Wir machten als Treffpunkt Paris aus, und wir verbrachten drei Tage im Hôtel du Paradis, Place Emile Goudeau. Es war Vorfrühling, das Zimmer war lausig, ein schmaler Raum mit verblichenen Tapeten, einer schief hängenden, nie ganz schließenden Tür, einem schmalen Bett und einem Vorhang, der sich im Wind blähte. Ich sehe den Vorhang noch vor mir, ich sehe uns beide in diesem Zimmer zum Fenster laufen in unseren nackten Körpern und von dem Fenster aus über die Stadt schauen, über das Häusermeer. Ich durchlief alle Zustände in diesen Nächten, manchmal schreckte ich auf und hörte mich mit lauter Stimme zu meiner zurückgebliebenen Frau sprechen in unserer Sprache, die meine Geliebte nicht verstand. Es war ein mildes Wehen in diesen Nächten, vorzeitiger Frühlingseinbruch, ein ständiges Umspringen der Lüfte. Einmal sah ich vor dem Fenster in zwei hohe Dachfenster eines tiefer gelegenen Hauses, ich sah bloß Ausschnitte. Im einen Fenster, einem Atelierfenster, sah ich die kräftigen Arme eines Mannes beim Essen und Weineinschenken, ich sah nur die eine Ecke des Tischs und einen Teil des Essenden, aber immerhin genug, um mir vorstellen zu können, dass es sich um einen Künstler handelt, der spät nach getaner Arbeit mit Behagen sein Essen verzehrt, und ich dachte mir das Atelier mit den Arbeitsutensilien, ich dachte mir das Arbeitsleben, die Schlichtheit, Ehrlichkeit, den Mut dazu. Im anderen Fenster sah ich einen alten Mann im Bett liegen, und an seiner Seite ein Kind, das ihm aus einem Buch vorlas. Ich habe diese Fensterbilder nicht halluziniert, diese Stationenbilder, den Kranken, vielleicht bald Sterbenden und den Schaffenden, beide fielen sie in mich ein, der ich damals im PARADIS den Hunger nach einer Speise stillte, von deren Existenz ich bis dahin nicht einmal gewusst hatte. Wir verließen uns frühmorgens an dem Gare de l'Est. Es regnete, wir schritten wortlos Seite an Seite wie Verurteilte. Wenige Monate später zog ich definitiv in die Rue Simart ein. Wenn ich in meinem Schachtelzimmer am Fenster stand und in den Hof starrte, es war meist spätnachts, wenn ich dort stand, weil ich es tagsüber aus Furcht vor einem noch engeren Kontakt mit dem Taubenalten unterließ; wenn ich an meinem offenen Fenster in den jetzt totenstillen Hof hinunter und auf die schrundigen erloschenen Mauern starrte, fühlte ich diesen

Liebesschmerz als ein Entbehren, als ein bohrendes Herzweh, und ich dachte, dass dieses Gefühl das wirklichste und demnach kostbarste, das stärkste sei, das ich besitze. Lass ihn wüten, aber lass ihn mir bleiben, dachte ich.

* * *

25. Oktober 1980

Ich will auf die Atmosphäre der Pariser Abendstraßen zurückkommen, auf dieses ganz und gar zauberische intime Leben. Und warum? Warum genügt es mir nicht, einfach mit- und dahinzuleben, die Stadt zu erleben? Es ist wie in der Liebe. Wenn das Herz übergeht von Zärtlichkeit, innerer Huldigung, Überschwang ... dann möchte man resümieren können, man möchte das Erlebte wiederaufleben lassen können, man kann es fast selber nicht glauben; aus Ungläubigkeit unter anderem denkt man zurück und möchte alles noch einmal vor sich hin beten, es ist sonst wie nicht gehabt. Und dabei merkt man, dass sozusagen nichts zu halten ist, das Leben ist kein Besitz. Leerausgehen in der Fülle. Wenn die Vergegenwärtigungsfähigkeit absolut wäre, würde man sich im Sinne eines indischen Heiligen, eines indischen Inneseinskünstlers, Meditierers gewissermaßen ins All auflösen, man würde *alles* realiter *sein*, man würde mit allem identisch sein, man würde wie van Gogh erleben und darüber hinaus. Wie unter Mescalin. So aber verdrängt und verdrückt man alles in irgendwelche Fächer und Westentäschchen. Ich denke an die Äußerung des Helden in Hemingways »Schnee auf dem Kilimandscharo«; da liegt einer angesichts des Todes, ein Schriftsteller, und denkt daran, was er immer hätte schreiben mögen und immer unterließ. Es sind Sachen wie das Gurgeln des Wassers im Rinnstein des Place de Contrescarpe, es sind Elemente eines atmosphärischen Ganzen, kleine Elemente, die eine Existenz ausmachten, damals, als man jung war. Und man wird es nie können, es sei denn, man schmuggle etwas davon ein in eine Erzählung, die von ganz anderem handelt. Dieser kleine Exkurs gilt meinem eigentlichen fast pubertären Verlangen, mir hier in Paris etwas so Banales klarmachen zu wollen, wie denn die Straße, ein Café, eine Pariser Bar beschaffen sei und woher mein Glücksgefühl rühre.

Die Bars gehören zur Straße, sie sind ja auch unter Markisen aufs Trottoir hinaus bestuhlt, und sie sind gläsern eingeschalt, so dass die Theke mit dem oft rundlaufenden Zinktresen und der runden oder girlandenförmigen Neonleuchte wie ein Riesenfenster ebenerdig auf die Straße geht. Die Stimmung in diesem unfehlbar sehnsüchtig stimmenden Fensterraum ist farblich ein Gemisch aus illuminiertem Creme und Schwarz, und immer ist da auch Rot, ein hitziges Rot, das von Leuchtschriften kommen mag, und das alles – mit den Stehenden am Tresen – wirkt dermaßen animierend, dass man eintreten will wie in das einzige erwärmte Zimmer in der weiten Nacht. Nun, und zur Straße gehört der Mann mit dem Baguette in der Hand, gehört das übers Trottoir spazierende Pariserbrot, gehört irgendwer in einem Schlafrock, gehört einer mit wunden Füßen, gehören die Frauen, gehört diese Intimität, als wäre man nicht draußen, sondern im tiefsten Inneren des Serail.

15. November 1981

Es war eine aufregende Woche, erst haben wir dem Volvo eine Überwinterungsunterkunft verschafft, und zwar in Vitry, etwa 40 km von Paris, anschließend habe ich mich auf die Suche nach einem Atelier gemacht und, ja, letzten Freitag, Freitag den Dreizehnten, habe ich's gefunden und gestern den Kauf eingeleitet: mein erstes selbst erworbenes Stückchen Paris: zwei Räume, nebst einer Dusche und einer Art Estrich in einem zweiten Boden, im sechsten Stock eines verlausten Hauses Rue Labat (was die Fortsetzung der Rue Simart jenseits des Boulevard Barbès ist), wobei das Haus selber gar nicht mal in so schlechtem Zustand wäre, Treppenhaus solide und aus Eichenholz, alles nicht übel, nur schrecklich verwahrlost, weil ohne Concierge und von armen Leuten bevölkert, vorwiegend von Afrikanern und Arabern, gut, aber oben in meinem Bereich ist's hell und sogar geräumig, ich stehe am Fenster geradezu im Himmel, dem hellsten Himmel der Welt, Blick über die Dächer und auf Brandmauern. Aus dem Ding lässt sich, wenn ich es herrichte und vor allem wenn ich die Trennwand zur nebenstehenden Küche niederreiße (Küche und Spülstein und Herd und Eisschrank brauche ich nicht, hingegen sind Schubladen-reiche Korpusse und Schränke da, die zu gebrauchen sind), etwas machen. Nebenan auf dem Gang, Wand an Wand mit meinem Atelier, ist noch ein Raum mit Untermieter, falls ich den hinzuerwerben könnte, so hätte ich eine Riesenwohnung da oben – ganz zu schweigen davon, dass ich da, wo dieser geräumige Estrichboden ist, eine Art Schlafstelle einziehen könnte; auch ist der Duschraum auf der anderen Seite des Gangs, der auch dazu gehört, geräumig …: alles in allem eine *affaire*, ohne Zweifel, und spottbillig.

Das so tief Beglückende »wieder zurück in den Pariser Straßen« und dies vormittags, ich frage mich seit langem, was es sei, jedenfalls habe ich es noch nie schreiben können, dieses Geschäft des Lebens auf den Trottoirs unter den kanalisierten Himmeln zu Füßen dieser kreidigen zuckrigen ockrigen Lenden der Straßenkörper, es ist dermaßen stimulierend und versöhnend, es ist das offenste, schon fast nackte Umgehen mit den einfachen Bedürfnissen des Lebens, Tagesbedürfnissen, da die Cafébar mit den paar Frühtrinkern, da die Frau oder der Mann, der an der Hand des Steckenbrotes wie an einem Geländer geht, da die schielenden brummigen Hunde zu Füßen des noch blutenden Wilds, das vor dem Metzgerladen aufs Trottoir hinaus gehängt ist, und die Leute am Postschalter, alle bringen und tragen sie ganze Bände voller Lebensgeschichten und Lebensbedürfnisse an die Öffentlichkeit, es ist, als ob die Frauen in Lockenwicklern, Pantoffeln und Hausröcken dahinschlurften und zum Épicier oder Boulanger schwatzen gingen, das Trottoir gehört wahrlich den MENSCHEN, und es ist voller Geschichten und voller Häuslichkeit, die ganze Häuslichkeit ist auf die Straße, das heißt aufs Trottoir hinausgetragen, und die Märkte unter den Dächern der Stände, diese straßenlangen Zeltlager des Handelns und Feilschens und Tratschens, und alles in den Gerüchen der Fisch- und Fleisch- und Gemüsestände etc. Es ist ein Auslaufen, vormittags in Pariser Straßen, Pariser Leben in den Nüstern, und alles in dieser Schönheit und Helle, aber auf dem Trottoir ist die Schönheit kunterbunt und farbstiftrot und pinguinschwarz, und das Trottoir ist ANIMATION tausendfach, und der Himmel fließt vorbei und ab, und der Tag ist jung, und ich habe Lust auf einfach alles.

Kaum dass ich das Buch fertig hatte, verschwanden die Tauben aus dem Hof, der Taubenmann grölte, klagte, klönte, er hatte keine Lieblingstaube und damit kein echtes Tagesprogramm mehr, erst hat ihm seine Alte einen Geranienstock hinplaziert, er bewegte ihn dauernd, aber es half nicht, das Geranium war kein Ersatz für die Taube, er klagte laut sein Ungemach in den tauben Hof hinaus, das Geranium verdorrte, an seine Stelle trat ein Gummibaum, auch dieser verschwand, und nun ist auch der Taubenalte verschwunden, seit Wochen vom Fenster weg, sehr selten ist die Alte noch zu sehen, oft hatte ich den Eindruck, es seien neue Leute in der Wohnung, mysteriös, Tauben und Taubenalter sind nurmehr in meinem Buch, also in einer Art Ewigkeit, ich könnte nicht mehr beweisen, dass sie je existiert haben, sie sind Literatur, nicht mehr und nicht weniger.

* * *

31. Januar 1983

Ich bin schon fast ein berufsmäßiger Metro- und Busfahrer; Wohnung und Atelier liegen fast eine Stunde Fahrt auseinander, ich will und liebe das, weil ich auf diese Weise einen Arbeitsweg, eine Anmarschstrecke habe, die mich mit dem Leben vermengt und dem Gerütteltwerden aussetzt. Auf diesen Fahrten wird der untere Bereich, wird das Bassin des Halb- und Unterbewussten aktiviert. Was ich im taghellen Atelier gedacht und geschrieben und in der Nacht zu Hause vergessen und beschlafen habe, gerät auf meinen Fahrten in Bewegung, und oft ist mir in Metro oder Bus etwas zugefallen: eine Idee, ein Bild, eine Passage, ein Glück, eine Erkenntnis, Erhellung – ich nenne es das Springen der Fische.

Wenn ich an einem Buch, also an einer Arbeit von langer Dauer bin, ist das behutsame *Austragen* eines Stoffes von höchster Wichtigkeit und in diesem Sinne die Umwälzung vom Bewusstsein ins Unterbewusste und wieder empor eine tägliche Notwendigkeit, geradezu eine Sache der schöpferischen Hygiene und Gesundheit. Und das Fahren hat in diesem Zusammenhang die Funktion einer *Wiege der Imagination.*

Innerhalb der letzten Jahre hat sich Paris stark verändert. Mit dem Ansteigen der Arbeitslosigkeit hat sich das Klima des Wahnsinns und der Gewalt verschärft. Mir scheint, die Zahl derer, die in einer eigenen Wahnwelt gefangen sind, die Zahl der »Verrückten«, der in eindringliche Selbstgespräche, in bedeutungsvolle Gestikulation, lästerliches Fluchen, Anklagen, bohrendes Rekapitulieren

Verstrickten, nehme täglich zu; wie ja auch diejenigen, die gestern noch Arbeitslose, Stempler waren und heute verelendete Bettler: nicht nur verkommene, sondern vor aller Augen verreckende Kreaturen sind, Legion scheinen. Die Straßen und vor allem die Metro stellen dieses Herunterkommen in allen Stufen und Phasen leibhaftig vor. Die soziale Deklassierung, die Entwurzelung, Verelendung wird hier nicht wegretuschiert, ich meine, das Elend wird nicht »versenkt« – in diesem Sinne keine verlogene Sauberkeit. Der Bürgersteig gehört hier wirklich dem Bürger, nicht nur zum Fortkommen, auch zum Darben und Zugrundegehen. Und so auch die Unterwelt der Metro, die längst alle Charakteristiken von Massenlagern und Notasylen aufweist. Und in alldem gedeiht natürlich auch das Gift der Gefahr und Gewalt. Meine Metrolinie in Richtung Porte de Clignancourt ist recht ungemütlich geworden, so wie ja auch die Gegend um Barbès (wo ich mein Atelier habe) sogar im Jargon der Politiker »le Harlem de Paris« genannt wird.

* * *

Ich erinnere mich, guten Tag!
Ich nahm einen Liegeplatz ab Zürich und schlief gleich ein. Ich erwachte in Basel, ich hatte laut meinen Namen gehört, ja, ich zweifelte keinen Augenblick daran, dass der Lautsprecher mit diesen krachenden Verzerrungen und Detonationen, die allen Lautsprecherstimmen in Bahnhofshallen eigen

sind, meinen Namen ausgerufen hatte. Ich schreckte hoch, kurbelte das Fenster hinunter und schaute angstvoll nach allen Seiten, immer gewärtig, von anrückenden Uniformierten in meiner Furcht und Befürchtung bestätigt zu werden. Wovor fürchtete ich mich denn? Ich reiste legal, meinen Pass und die Fahrkarte hatte ich dem Liegewagenschaffner ordnungsgemäß ausgehändigt, und dennoch fürchtete ich mich. Fürchtete ich mich vor diesem Exodus? Weil ich die Schweiz verließ und in die Welt fuhr, ich will in die Welt, rief es schon so lange in mir, gerade so, als gehöre Zürich nicht zur Welt. Während des langen Rangierens zwischen dem schweizerischen und dem französischen Bahnhof, diesem Über-die-Grenze-geschoben-Werden und wieder zurück, diesem unentschiedenen Hin und Her, schaute ich nach den Häschern aus, aber dann fuhren wir, und ich schlief lange nicht ein, ich hatte jetzt die Furcht, dass der Zug entgleise, ich spürte die Räder in den Schienen rattern und holpern, und der Zug raste und raste, mir schien, der Lokführer müsse übergeschnappt sein, macht an die zweihundert pro Stunde, und ich spürte auf meinem Liegebett, wie die Schienen die rasenden Räder eben noch hielten, aber wie lange noch? Und in solcher Panik schlief ich ein, und im Schlaf träumte mir, dass ich im Zug fuhr und dass der Zug raste, aber jetzt im Traum konnte er mir nicht schnell genug rasen, ich begann das Rasen mit meinem Körper zu unterstützen, so wie man durch Vor- und Zurückwerfen des Oberkörpers einen Leiterwagen in Fahrt zu bringen sucht, begann ich den rasenden Zug anzufeuern, ich gab mich dem Fahren hin und, nicht genug, ich ließ das Fenster hinunter und beugte mich

weit hinaus, die Arme warf ich in die Luft, ich hing schon halb draußen in dem vom Rasen entfachten Luftkanal, ich war selber rasend vor Lust, und da sah ich mit einem Mal auf einem kleinen Platz, an dem wir eben vorüberfuhren, dem Hauptplatz eines Städtchens mit Rathaus, Kirche, Nobelhäusern und Denkmal, ein Mädchen stehen, ganz allein und gottverlassen stand es da auf dem ausgestorbenen nächtlichen Platz, allein mit einem Bernhardinerhund, und als ich dem frierenden einsamen Mädchen nachschaute, dem Waisenkind, begannen dessen Augen zu strahlen und dann regnete ein wahrer Sternenregen aus den Augen des Kindes, ein Mädchen mit sternenregensprühenden Augen? Nie gesehen und nicht für möglich gehalten, dachte ich im Traume, und dann weckte mich der Liegewagenschaffner auf, um mir Pass und Fahrkarte zurückzugeben. Wir fuhren bereits in Paris ein. Im Abteil waren lauter fröhliche Bergsteiger, alle trugen sie das gleiche rotkarierte Hemd und die gleichen Kletterhosen aus Kordsamt und die gleichen Wollstrümpfe, ich staunte die Bergsteiger an, und dabei kam mir die Stimme, die Ausruferstimme, in den Sinn, und voller Erleichterung wurde mir bewusst, dass ich durchgeschlüpft und angekommen war, es war gar keine Polizeistimme, es waren nicht Häscher, es war LA VOCATION. Ich in Paris.
Ich krabbelte über die abertausend Glieder der Breitgelagerten, ich schlenderte stakte marschierte rannte durch die Straßen, mit den Beinen durch die unteren, mit den Augen durch die oberen zwischen den Dächern; in den Straßenfluchten mit dem herrlich kanalisierten Himmel, dem hellsten Himmel der Welt, stand ich wie in endlos fortgesetzten

Kirchenschiffen, ich sah die Flanken entschweben im alles verzaubernden Licht, da fuhren sie aus und weg, die weißlichen Häuserfluchten, blinzelnd mit allen Ritzen ihrer Jalousien, und ich lief auf den Trottoirs unter den Markisen an den Läden und Bars entlang, Schönheit vor Augen, ich sah das alles, ich war darin – und blieb dennoch draußen, ein Fremder. Und dann trollte ich mich nach Hause in mein Schachtelzimmer, in diese übervorrätige Frei-Zeit, *Er hockte in der Zeit und konnte sie nicht an sich bringen*, hatte ich einmal geschrieben, und das traf auch jetzt immer noch zu.
Ich in Paris?
Ich in Paris, Frankreich, Europa, Welt, Universum?
Wenn ich abends im erleuchteten Bus herumfuhr, in dieser Tuchfühlung mit den Vielen, die jetzt von ihrem Arbeitsplatz heimkehrten; inmitten dieser Feierabendmüden, in diesen Kleider- und Körpergerüchen, zwischen Zeitungslesenden, Frauen, die von prallgefüllten Taschen erdrückt wurden und darunter vielleicht eine Hübsche, Verwegene; einmal war's eine ungeheuer anziehende Farbige in einem um die Knie engen Rock und einer schulterbetonenden Jacke, und die Haare, einseitig nach hinten gekämmt, gaben diese Schläfenpartie frei, und die Augen wie dunkle Edelsteine, die in der Alabasterfassung des Augenweißes schwammen, scheuten ohne zurückzuschauen bei der geringsten Berührung durch einen fremden Blick, und an den überaus fein geformten Ohren hingen schwere Gewichte von silbernen Behängen, die die Ohrläppchen nach unten zogen und bei der geringsten Regung des Kopfes rieselten, bimmelten; sie saß ganz entrückt wie hinter Glas im vollge-

stopften Bus, und als sie aufstand und entschwand, plumpste eine dicke Frau auf den freigewordenen Sitz, eine graue Person, die nach der über ihre kurzen Beine wegrutschenden Einkaufstasche grabschte; und durch den Motorenlärm im Innern, durch die einschläfernden Fahrgeräusche, die eine eigenen Stille schufen, erreichte mein Ohr das eindringliche Gerede von Schwarzen, es war ein unbekümmertes gutmütiges Palavern (oder tönte nur so) in der für den schwarzen Mann unverkennbaren kehligen Stimmlage mit dem plötzlichen Umschlagen, Überschwappen der Stimme in einen hohen vogelartigen Kreischlaut, als versage die Stimme; auf der Bank mir gegenüber Araber, bartstachlige Gesichter mit düsterem immergrimmigem Ausdruck; wenn ich im Bus die mir wohlbekannte Stadttraverse abfuhr, vor mich hindösend und ab und zu das Gesicht ans Fensterglas presste, um einen Straßennamen, den Namen einer Haltestelle zu erhaschen, *Vauvenargues, Pont Cardinet*, Namen, die vorüberglitten, und ich nach einem Anhaltspunkt äugte, mit dem ich den Namen identifizieren könnte, da, *La Clé au Juste Prix*, eine Schrift mit giraffenhalslangen Lettern auf einer eisblau angestrichenen Tür eines winzigen Ladens, den wollte ich mir längst einmal näher besehen, hatte ich gedacht, war aber nie ausgestiegen, aus Trägheit, doch jetzt schob sich das Bild dieses Straßenstücks vor mein Auge und wie die Straße am Vormittag aussieht, ich erinnerte mich, dass mich genau an dieser Stelle dieser unbedeutenden Straße etwas erregt oder gepackt hatte, dass hier etwas für mich in der Luft lag, ich dachte, musst dir diese Gegend genauer anschauen, aber dann hatten wir schon die Avenue de Saint-Ouen überquert, dann die Avenue de Clichy, und jetzt formte sich das Bild des Place de Clichy vor meinem inneren Auge mit dem Café Wepler, von dem Miller schreibt, ich kannte diese Gegend sehr gut, sie lag etwa eine Dreiviertelstunde Spaziergang von meiner Wohnung entfernt, früher war ich oft nach Clichy spaziert, die Rue Caulaincourt runter und am Montmartre-Friedhof vorbei, dessen düstere Totenhäuser man rechts und links von der Überführung einsehen kann, rechts und links Totenstadt; ich schob Clichy mitsamt den vielen Austernkisten vor den Restaurants und dem meist chaotischen Verkehr rund um das Denkmal weg von mir, während ich fuhr, ich beobachtete jetzt zwei bärtige Juden, die an zwei Haltegriffen nahe der Tür hingen und wie Hampelmänner schaukelten, während sie sich angeregt unterhielten, immer tragen sie diese schmalkrempigen dunklen Hüte, immer Bärte und immer diese schwarzen, streng geschnittenen Mäntel, die an Kaftane erinnern, dachte ich, und dabei üben sie irgendeinen ganz normalen Beruf aus, aber immer in dieser - geistlichen - Tracht! Es ist wie ein Doppelleben; und ich beobachtete ihre ungemein lebhaften, irgendwie erleuchteten Mienen, sie unterhielten sich pausenlos, während sie hin und her schwankten, worüber unterhielten sie sich, ab und zu lachten sie wie über einen guten Witz; und ich dachte, jetzt fahre ich diese Strecke zum wievielten Mal, ich füttere meine Augen mit immer demselben Augenfutter, aber von Kennen kann keine Rede sein, es ist allerhöchstens ein ganz oberflächliches Wiedererkennen, *La Clé au Juste Prix*, und jedermann, der da im Bus mitfuhr, gewann von demselben Straßenstück, derselben Straße ein völlig verschiedenes Bild, so viele Bilder wie Augenpaare, ich sah jetzt die Straße als etwas Unerforschliches vor mir, als ein Linvingston & Stanley würdiges Schwarzafrika, undurchdringlich, und aus diesem Undurchdringlichen blendeten all diese Augen einen immer anderen Augenschein aus, so weit das Licht reicht; ich sah die Höhlungen, Klüftungen, die von all diesen Lichtkegeln zerstückelte, in Licht und Schatten, in Schallwellen zerschnipselte Straße, die aber für alle denselben Namen trägt, Rue Guy Môquet zum Beispiel, wer war er gewesen, ein Name färbt ab auf eine Straße, Rue Guy Môquet (auch Môcquet geschrieben) in den Augen der beiden Juden, in den Augen der Frau mit der wegrutschenden Tasche, in den Augen des vor sich hinbrütenden Arabers; ich dachte an die Stelle in Hemingways »Schnee auf dem Kilimandscharo«, wo der an seinem Wundbrand leidende, den Tod erwartende Amerikaner, ein Schriftsteller, sich vorstellt, was er noch hätte schreiben wollen, die besten Sachen hatte er immer vor sich hergeschoben, nun würde er sie nie mehr schreiben; und unter diesen kostbaren, immer vor sich hergeschobenen aufgehobenen Sachen oder Stoffen nannte er an erster Stelle etwas Banales: Zu meinem Erstaunen, zu meiner Erschütterung sprach er vom Glucksen des Rinnsteins und von den Gerüchen in der Luft und von den Lauten an dem Place de la Contrescarpe, so wie sie seinem Helden und ihm selber in Erinnerung geblieben waren aus jener Zeit, als er nebenan, Rue Descartes, Nähe Panthéon zu schreiben begonnen hatte; die Erstausgaben seiner Gefühle damals! Ja, dachte ich im Fahren, im Bus, es ist nie heranzukommen, jedenfalls mit

Worten und willentlich nicht, allerhöchstens im Traume; da es im Traume auferstehen kann, haben wir es ja wohl in uns, und zwar bis ins Kleinste, übergenau bewahren wir alles, aber wir rühren nie wieder daran, es sei denn im Schlaf, dachte ich; und jetzt stellte ich mir den Place Contrescarpe vor, ich machte innerlich den Sprung vom Schauplatz meiner Busfahrt hinüber in die Panthéongegend; die dünne, die rationale Luft rund um diesen gedankentrockenen vernunftharten Tempel, eine viel trockenere reinlichere Luft als hier, wo alles riecht und schwitzt und schwatzt; und gleich dahinter der liebe liederliche Rundplatz mit den Clochards unter den Bäumen, den Studenten und Liebespaaren vor den Cafés, der Platz eines Landstädtchens im Grunde; und ganz in der Nähe das Haus, wo Verlaine starb, wo Hemingway schrieb; vom Panthéon war's ein Katzensprung zum Jardin de Luxembourg, zu den vielen müßigen Leuten im vielfarbigen Schatten auf dem braunen Sandboden, den vor allem die herrlich geschnittenen Bäume werfen; das Lustwandeln unter diesem Baumhimmel und die Lesenden, Sinnenden, Redenden auf diesen uralten eisernen rührenden Stühlen, herrenlosen Gartenstühlen für jedermann; die Verstecken spielenden Putten und Götterchen im Laub, Karussell, *und dann und wann ein weißer Elefant*; Springbrunnen, Denkerstirn; *Ami, si tu tombes, un ami sort de l'ombre à ta place*, meldet ein Denkmal. Vom Boul' Mich' runter und über die Brücke auf die Île Saint-Louis, das ländliche Palastgehabe der Häuser längs des Quai Bourbon, gewaltige gepflasterte Innenhöfe mit Bäumen, in den Bäumen Statuen, Bronzestatue überlebensgroß, die schwere in das Portal eingelassene

Holztür, draußen die Quaimauer, ich streichle die Mauer im Schlendern, hier ist das Trottoir eng, ein schmaler Gehsteig, ich beuge mich über die Mauer, drunten am Wasser der Uferweg für Hunde, Paare, Fischer, ja, und Clochards; neulich einen auf einer Bank liegen gesehen, ein Zerlumpter, er schlief, und durch seine Hose lief der Urin, bildete ein Rinnsal unter der Bank, lief strähnig davon, zur Seine hin; die ich von der Pont Alexandre aus grüße, wenn ich von der Esplanade des Invalides komme, an deren einer Flanke die Häuser wirken, als hingen sie an Fäden vom Himmel herunter, luftleichte Silhouetten; aber von der Brücke aus das strömende Wasser, nichts Schöneres als von der Brücke in einen Strom zu pinkeln, ein Hochgefühl; und jetzt kommt ein Vergnügungsboot, ein Bâteau Mouche, und all die aus der Glasverschalung glotzenden Touristengesichter mit dem geöffneten verzückten Mund, Fischgesichter; und der wasserlassende arme Mann auf der Bank, der nichts sieht, er hat's im Schlafe; weiter zum Hôtel de Ville, das Abendgedränge in der Rue de Rivoli, die hier schmutzig ist, der reine Basar; Basar, denke ich, richtig: gegenüber dem Bazar de l'Hôtel de Ville mitten im Gedränge eine noch junge Frau, die mit einem Kind an der Hand davonlief, vor zwei Männern davonlief, sie schreit »Laissez-moi donc, merde«, schreit sie, die Männer versuchen ihr den Weg abzuschneiden, stellen sie, greifen nach ihr; schon werden andere aufmerksam, drehen sich um, was geht hier vor? Kidnapping, Verbrechen, und das mitten im Abendgedränge; das mitgezerrte Kind, das unschuldige Gör, man kann es nicht mitansehen, schon ist die Gruppe von der Menge eingekeilt, die Verfolger werden ver-

legen, einer zieht ein Sendegerät aus der Tasche, Polizei? Was? Ein Detektiv? Jetzt hört man das Wort Ladendiebstahl, die Frau hat geklaut, ein Paar Handschuhe; sie schreit »lachez-moi«, die Leute mischen sich ein, fast alle sind auf der Seite der Frau, die Häscher ins Unrecht versetzt, verunsichert, trotzdem zerren sie von Neuem an der Frau, das Kind wimmert, jetzt heult es los, armes Wurm, die Menge wird wütend; jetzt entwischt die Frau, die Verfolger wollen hinterher, die Menge verstellt ihnen den Weg, lasst sie doch laufen, ihr Schweine, was ist schon dabei, lasst sie laufen, ihr ungehobelten Esel; die beiden geben auf, »merde«, sagen auch sie und zucken die Schultern; die Frau ist mit dem Kind die Treppen zur Metro hinunter verschwunden, entkommen; die Menge diskutiert noch, eine Gutangezogene meint, das geht doch nicht, wo kommen wir hin, wenn alle stehlen; ach, halt's Maul, sagt eine Deftige, dich geht's jedenfalls nichts an; blöde Kuh, schreit die Rechtschaffene; dumme Gurke, die andere; die Leute zerstreuen sich; Schluss, sage ich mir, Schluss jetzt; nicht an die Stadt denken, du kriegst sie doch nicht zusammen, du kannst sie nicht denken, die Stadt; versuchst du es, dann ist immer nur Verlust zu buchen, nie haben; du wirst sie nie haben, dachte ich und presste die Nase an das Fenster, wo waren wir?
Eben fuhren wir an einer kleinen Bar vorüber, einer Bar, wie es Tausende gibt, da ist die runde oder längliche Theke unterm Neonlicht, es ist immer Manegenstimmung, immer Zirkusfarbigkeit in so einer Bar, weiß nicht, woher das kommt, vielleicht weil das Licht der Röhre auf dem unterlegten Rot und im Widerschein der cremigen Wände diese

Wirkung hervorruft; und an der Bar die paar Männer und Frauen beim Bier, einem kleinen Weißen, einem Ballon de Rouge, einem Calva, bevor sie heimgehen, sie zögern es hinaus, noch einen, rasch; sie stehen wie unter einem Heiligenschein unter der Leuchte an dieser Theke mit dem Glockenspiel der Flaschen im Hintergrund, stehen auf dem gekachelten Boden mit den Zigarettenkippen und Brotresten, andächtig im Licht, im Andachtstraum, als wäre hier der einzige Unterstand, und jetzt ist die Bar einfach alles: Garküche, Kneipe, Barbierladen, Drogerie, Notfallstation, Verhörraum, Wartesaal, Lazarett und Kapelle, Tröstung; alles in einem, die beste Zuflucht auf Erden, noch einen, noch einen Ballon de Rouge; sie stehen da wie Erleuchtete, das Wunder geht um; ich fühlte die Straßenverengungen und die Straßenerweiterungen im Fahren, wie Ein- und Ausatmen, spürte es auf der Brust; und die Straßen wuchsen zusammen mit allen Broten und Kuchen in Auslagen, mit Rüben, Salaten, halbierten Ochsen und Schweinen und Theken, vielen Theken - die Straße, über die das Kind wischte, das noch schnell nach einem Brot, einer Flasche Wein hinübergeschickte Kind; Schluss, sagte ich mir im Bus, abstellen; aber ich konnte *es* nicht abstellen, da war immer noch etwas in mir, das sich nicht beruhigen wollte, nicht zufriedengab, ich dachte, ich sollte abspringen von diesem immerfahrenden, immer weiter durch die Dunkelheit fahrenden Bus, abspringen und mich an einer dieser erleuchteten Bars an Land bringen, an den Trog oder Tresen stellen, ein oder am besten gleich mehrere Gläser in mich hineinkippen, sonst wirst du verrückt, dachte ich, aber ich wusste, ich war ganz und gar nicht verrückt, nur hellwach; und jetzt kam mir dieser Traum in den Sinn, den ich in jüngster Zeit mehrmals geträumt hatte, der Traum handelte von einer Verurteilung, einem Urteil; ich stand vor der Matura und wurde mir darüber klar, dass ich die Mathematik nie schaffen würde, ich würde das nötige Begreifen und damit auch das nötige Vermögen für das mir abverlangte Operieren mit Zahlen, für das Auflösen von Gleichungen, die Algebra nicht abliefern können, ich blieb vernagelt, das wurde mir in aller Deutlichkeit bewusst, und das hieß so viel, dass ich die Matura nicht bestehen konnte; ich war zum Scheitern verurteilt, und so trennten sich denn unsere Wege noch vor dem Tor, alle Kameraden passierten das Tor und gingen ins Leben hinaus, ich ging auch ins Leben hinaus, aber auf einem anderen einzelnen Weg, ich wusste, dass mir ein Zugang für immer versperrt bleiben würde; nun, sagte ich mir im Traum und angesichts der sich entfernenden Schar von einstigen Kameraden, nun, ich werde von alldem und von ihnen ausgeschlossen bleiben, aber ich werde nicht in der Schule bleiben, ich werde ohne dieses besondere Rüstzeug weg und ins Leben hineinlaufen; zwar bleibe ich mit diesem Makel behaftet, eine Art Paria, *ein* Schlüssel wird dir immer fehlen, aber das muss nicht bedeuten, dass ich nirgends hinfinde; dieser Traum hatte mich dadurch erstaunt, dass ich in Wirklichkeit die Matura bestanden, wenn auch als mathematischer Trottel gerade noch bestanden hatte, ich war durchgeschlüpft und hatte sogar ein Universitätsstudium hinter mich gebracht, wenn auch leichtsinnig; aber im Traum hatte ich's nicht geschafft, im Traum hatte ich das Gefühl, und das Gefühl hatte die Instanzhaftigkeit eines

Urteilsspruchs, dass ich lebenslang mit diesem Mangel wie mit einem Fluch oder einer Krankheit beladen bleiben würde, dass ich aber den Mangel durch eine Überanstrengung auf anderem Gebiet wettmachen müsste; im Traum war ich keineswegs hoffnungslos, nur ein wenig melancholisch gewesen; aber warum träumte mir hier und jetzt – in meinem Alter! – von dieser nicht bestandenen Prüfung? Hatte das Manko mit meiner Stadtverlorenheit, dieser Begriffsstutzigkeit und daraus resultierenden Melancholie, wenn nicht akuten Gefahr einer endogenen Depression zu tun?, dachte ich im Bus; hätte ich mittels »Mathematik« anders an die Stadt herankommen, ja sogar *ankommen* können? Es konnte sich doch wohl nicht um ein rationales Verstehen handeln, oder doch? Wäre mir geholfen gewesen, wenn ich die Stadt in ihrer historischen Schichtung verstanden, durchschaut hätte? Wenn mir kraft einer intellektuell zu leistenden Rekonstruktionsfähigkeit die Gestalt einsichtig, wenn nicht überhaupt durchsichtig geworden wäre? Verlöre sich dann diese Tausend- und Abertausendgesichtigkeit, die in ein Dunkel umschlägt? Könnte ich in solchem Falle die Stadt anlegen wie ein Kleid? So aber muss ich's immer erstammeln, sagte ich mir; gibt es ein Lesen (der Wirklichkeit), ein Ablesen, ohne dass die Gegenwärtigkeit, dieses Unbegreifliche, Rätselhafte, das andererseits das Leben ausmacht, verlorengeht? Gibt es dieses komplexe Quittieren, das Wiederherstellen, also Reparatur *und* unzerstörbare Gegenwart bedeutet?
Du, sagte ich mir, hast immer Angst vor Zerstörung, vor der Zerstörung des Rätsels, also des Lebens, wenn du dich ans Denken und Analysieren zu machen versuchst; du ziehst das

atmosphärische Ertasten und Erschnüffeln vor, auch das Beschwören; und erzeugst letzten Endes diesen ewigen Nebel, den du nie lichten kannst; du suchst nicht die Klarheit; hast du Angst vor Ernüchterung? Du suchst nicht die »Wahrheit«, was immer das sei, du suchst das Dunkel, das Dunkel im Mutterschoß; du korrespondierst wie ein ganzes Telegrafenamt mit dem Außen der Erscheinung, aber schließlich fällst du zurück in das schwärzeste Schwarz im Innern, weil du die eintreffenden Meldungen nicht dechiffrieren, nicht einmal zählen, geschweige denn verarbeiten kannst; deine Sender und Empfänger sind dauernd in Aufruhr, doch bleibst du sprachlos; dennoch ist mir häufig, als liege mir das Wort auf der Zunge, warf ich ein; oft bin ich nahe daran, woran denn, zum Teufel?
An so einer Straße zum Beispiel, nur daran; in so einer herrlich wegschwimmenden Pariser Straße, die alles enthält; ich stehe zitternd vor Erregung inmitten der Straße, die in ihren zuckrigen, kreidigen Fassaden und dem von der Straße erfundenen, weil ergriffenen Himmel dazwischen mich anhimmelt; ich bin selber die Straße, ich bin ihr Träger und Trakt; ich bin das Flattern ihrer Flanken, das Blinzeln ihrer Jalousien, der schieferne blecherne Hut ihrer Dächer, das Erröten ihrer Haut, das Schleierwerk ihrer Vergitterung, ich bin die Runzeln, alle Blessuren und Runen, ich bin alle Schattierungen und Erhellungen ihrer Mienen, ihr Antlitz, ich bin's, wenn ich's auch nicht verstehe; ich bin es und fühle es: das Schnaufen des Trottoirs zu ihren Füßen; das ganze Geröll unter den Markisen, jedes einzelne spiegelnde Glas ihrer Läden und was dahinter ist, alles.

Ich hänge wie eine Marionette an den abertausend Fäden, Augenfäden, Sinnenfäden, Gefühls- und Gedankenfäden, durch die Fäden verbunden mit ihr, hänge, zapple an den Fäden, die mich zucken lassen, ich ein Hampelmann? Das zerrt an mir, bis ich zusammenfalle und in den Rinnstein falle, ein lebloses Ding, das das Abwasser wegschwemme; das ist die Vernichtung, Verdunkelung mitten am Tage, die Verdunkelung in der Stadt: weil ich's nicht sagen kann; ich fühle, aber ich verstehe nicht und jetzt dachte ich, beim Fahren, im Bus: Vielleicht ist es dieses Zuschlagen der Türen, diese *Abwendung*, was mich zu den Frauen trieb mit dem Begehren mich unterzubringen; und nun fiel mir ein, wie ich in jenem heißesten Sommer, es war der heißeste seit Menschengedenken, eine alle verbrüdernde Hitze, glühende Trockenheit mit Steppen- und Waldbränden, ganze Länder lechzten nach Regen, eine krumme Straße von der Rue des Abbesses in Richtung Boulevard Rochechouart hinunterlief und da unten eine riesige schwarze Hure auf dem Kotflügel eines Wagens sitzen sah; ich wunderte mich, dass sie es aushielt, ich dachte bei mir, dieser Hintern müsse ja schön angebrannt sein, ich näherte mich ihr, und dann folgte ich ihr eine unsäglich stinkende Treppe hoch in einen wanzenhaften Verschlag, stickend heiß war's herinnen, hier wirst du dir die Ansteckung holen, sagte ich mir, während ich dastand und zusah, wie sie sich auszog, sie tat es in der faulsten Weise, vielleicht weil sie so groß und es so heiß war, und genau in diesem Augenblick erreichte meine Nase der Bratengeruch aus einer Pfanne oder der Geruch heißen Fetts, und mit dem Geruch war ich auf einmal in meiner Kindheit, es war ein Mutterduft, und ich warf mich über die Riesin, die mir in ihrer Sprache etwas zurief, vielleicht sagte sie, sachte, Mann, nicht so stürmisch, denk an das Thermometer! Und dann stieg ich die Hühnertreppe hinunter und liebte die Straße und diese Stadt inbrünstig, so als sei ich angenommen, aufgenommen worden, jedenfalls gehörte ich dazu; und nun sprang mein Gedanke zurück in jene frühere Zeit, als ich besuchsweise hergekommen war, ich hatte meine Tante besucht an der Rue Condorcet unterhalb Pigalle, es war spät geworden, ich war auf dem Heimweg, durchlief Straßen, die bereits Schlafgegend waren, und da hörte ich vor mir ein mich elektrisierendes Geräusch, das Klappern von Stöckelschuhen, das Stöckelstakkato, ich lief dem Geräusch nach durch die Nacht, und dann sah ich in der Entfernung eines Schreis ein sich wiegendes weißes Satinkleid in der Schwärze, Land! Land in Sicht!, jauchzte es in mir, es war eine Frau aus Martinique, wir stiegen zusammen eine Holztreppe hoch, ich fasste sie an beim Treppensteigen, und sie rieb gutmütig ihr Hinterteil an mir, und später roch ich noch lange, noch den ganzen darauffolgenden Tag, ihren Körpergeruch, den ich festhielt und in Gedanken verwöhnte; die Stadt konnte ich nie versammeln in mir, versuchte ich's, dann entzog sie sich in dem Funkenmeer eines platzenden Feuerwerkskörpers und erlosch alsbald, ich konnte immer nur mit einer kleinen Ecke, einer Straßenecke, partizipieren, da wo ich mich eben befand, es war nie einzusteigen in diese Stadt; es ist nie einzubrechen durch die Panzerhaut, die dir die sogenannte Wirklichkeit vorhält, jedenfalls nicht mit Fassung, also bleibe ich immer draußen? Mittendrin bliebe ich draußen?

Schluss, dachte ich im Bus, auch war ich jetzt angenehm müde vom Fahren; aber fahren, dachte ich, das liebe ich um seiner selbst willen, und wie ich es liebe; mehr noch als das Busfahren das Fahren in der Metro, denn da bin ich »drin« in der Stadt, in ihrem Gedärm; ich bin unter den Vielen, die nach Regen, nach Feuchtigkeit, nach Haut, nach ihrem Viertel, nach Arbeit oder nach Muße, nach Parfum, nach Armut, nach Bildung, nach Gefahr, nach Abgenutztheit, nach einem Traum oder nach Angst, nach Gottergebenheit, nach dieser Stadt riechen, in der sie wesen und verwesen, von der jeder ein Splitterchen Vorstellung in sich trägt. Aber alles zusammen ergäbe die Summe, die noch nie einer zu begreifen vermochte; aber in den Rattenkanälen der Metro, im Stadtgedärm, sind wir alle in ihr, wenn auch nur wie ihr Kot, ihr einvermengt; und dann aus diesem unterwürfigen kotigen »Haben« hinaus aus dem Orkus und über eine Rolltreppe an den Tag rollen; einmal in der Metro nur Münder gesehen, mir gegenüber die aufgeworfenen Lippen eines Schwarzen mit dem Rosa von Innenfleisch; und Frauenlippen, all diese nach außen aufbrechenden Leibesfrüchte – bis ich wegsehen muss; und wieder die langen rundgekachelten Tunnel durchlaufen, die Lampen werfen die Zebramusterung, Illusion eines Kreuzrippengewölbes, an die Decke, durch die Gänge irren die Töne unsichtbarer Musiker; und dann die paar Strecken, wo die Untergrundbahn dem Schlund entkommt und Hochbahn wird: Auf einmal ist der Wagen von Tageslicht durchflutet, ich sitze jetzt wie in einer Rummelbahn und kann durch die gusseisernen Streben der Hochbahnkonstruktion so eine Straße von oben erblicken: die tiefe Schlucht in den unendlichen Graus, die alle Farben enthalten, ich sage mir: Alles da im Licht, das die langen Achsen ergreifen, alles da: die vom Gitterwerk der Fensterbrüstungen und Balkone schwarz behauchten Flanken, das im Backofenglanz erschimmernde Pflaster, die knappen Hut- oder Helmdächer, da! Und die von einer ausgebleichten Riesenreklame verschönte Brandmauer und die hohe enge Brust eines Eckhauses, an der sich die Adern im spitzen Winkel teilen; und das Café unter der Markise und die paar Tische und Stühle davor; der zwischen dem knalligen Unten und dem vergeistigten Oben vermittelnde Baum, die klatschenden Fahnen der Blätter nicht zu vergessen; und das parkende Auto und das die Straße überquerende Steckenbrot und der verhallende Schrei und der eben erdolchte Leib eines im Straßenbett sterbenden Menschen und das sich gegen eine Mauer drückende Paar; und dann wieder die verrückteste Ansammlung von Leuten, so dicht und wimmelnd und lärmig wie ein Volk von Pinguinen, es ist das Gedränge um das Warenhaus TATI bei Barbès-Rochechouart; und wieder zurück in den Schlund, in die Eingeweide, ins Dunkel; ich möchte immer so weiterfahren auf meiner Berg- und Talbahn, um in diesem Haben zu bleiben, Haben, ohne zu besitzen, *ich kann dich nicht sagen, doch kann ich dich fahren;* du suchst ja gar nicht die Klarheit, höre ich jetzt die andere Stimme, alles, was du suchst, ist dieses In-Dunkelheit-Gewiegtwerden, du suchst das Dunkel, sagt die Stimme; stimmt, sage ich, genau das: Ich suche das eindunkelnde Vergessen, das das Erinnern gebiert; bis ich mitten am Tage, mitten in Paris sagen kann: Ich erinnere mich, guten Tag!

DAS VON LEGENDEN DURCHTRÄNKTE PFLASTER

Paul Nizon im Gespräch mit Martin Simons

Sie bezeichnen sich immer wieder selbst als einen Pariser Schriftsteller deutscher Sprache mit Schweizer Pass. Warum?

Paris fühle ich mich zugehörig, nicht nur weil ich da seit Jahrzehnten lebe, sondern weil ich auch literarisch hier beheimatet bin, vermutlich ist mein Stellenwert, meine Präsenz im französischen Sprachraum mindestens ebenso groß wie im deutschen. Ich bin ein Wahlpariser wie der Spanier Picasso, der Italiener Modigliani oder Heinrich Heine, um große Beispiele anzuführen.

Ich habe meine deutsche Schreibsprache beibehalten wie auch meine schweizerische Staatsangehörigkeit. Wäre ich ein Flüchtling oder sonst wie Verfolgter, wäre dem anders. Der künstlerische Schauplatz Paris, einst die kulturelle Hauptstadt der Welt, war schon immer stark von Ausländern geprägt. Ich verdanke der Stadt nicht nur einen Großteil meiner Bücher, sondern auch den mir gemäßen Stoff, die Verschmelzung von Stadt-, Künstler- und Existenzroman.

Was meinen Sie mit Existenzroman?

Nun, ich bin ein Existenzbegrübler, in erster Linie bin ich ein Beobachter und Tiefseetaucher meiner eigenen Existenz, ich gehöre ja wohl auch zu den Autofiktionären, den

Autobiographie-Fiktionären; formal höchstwahrscheinlich, im Unterschied zu den geborenen Erzählern, eher zu den Realisten des Bewusstseinsstroms. Sprachwandlerisch.

Gehört zu dieser existenziellen Dimension auch das radikale Brückenabbrechen, das Ihre Emigration nach Paris bedeutete?

Das Brückenabbrechen im Zusammenhang mit meiner Abwanderung war sehr wohl existenziell unterminiert. Es war ja eine Panikhandlung, ausgelöst unter anderem durch den mit dem Roman »Stolz« (1975) errungenen durchbruchartigen Erfolg – Bremer Literaturpreis z. B. Ich war auf einmal in aller Munde, war ich unversehens etabliert? Ich erschrak, alles in mir schrie nach künstlerischer Erneuerung, nach Aufbruch und Wagnis, nicht nach Konsolidierung. Zudem steckte ich in einer Ehekrise.

Ich habe eine an sich glückliche Ehe verlassen, das bequeme versicherte Leben in der Schweiz aufgegeben und bin mit einem Schub Verzweiflung und einem Gran Wagemut in Paris angekommen – als ein Niemand.

Aber waren Sie wirklich ein Niemand? Immerhin waren Sie bereits ein bekannter Schriftsteller.

Aber nicht in Frankreich, ich war damals noch nicht übersetzt, also literarisch inexistent. Ich kam mit buchstäblich leeren Händen an. Ohne Geld, ohne literarischen Stoff, vor allem ohne Projekt. Ich sank bis auf den Nullpunkt und gewann, was ich meine poetische Existenz zu nennen pflege.

Was meinen Sie damit?

Eine Lebensform, die radikal und ausschließlich auf das künstlerische Abenteuer am Faden der Sprache ausgerichtet ist. Ich schien dem Leben nachzulaufen und lief in Wirklichkeit den Sätzen nach. Eine schöpferische Mobilmachung als Dauerzustand. Das Leben ist zu gewinnen oder zu verlieren – lautete damals mein Leitspruch, zu gewinnen durch Sprache, ansonst nichts existierte, Sprechen bzw. Schreiben als Selbst- und Welterschaffung: am Schreiben gehen.

Aber Sie hatten keinen Stoff, kein Buch in Arbeit, sagten Sie eben, als Sie nach Paris gingen, kein Schreibprojekt.

Im Grunde befand ich mich in einer Umbruchkrise, samt Schreibkrise, und in Ermangelung erzählerischer Thematiken begann ich, meine Krise, die wohl auch eine Midlife Crisis war, aufzuschreiben und anzubohren. Ich klammerte mich an ein motorisches Aufschreiben (meiner Umstände und Zustände). Lange Zeit hatten diese Notate weder Absicht noch Richtung. Ich warf mich einfach aufs Papier, um mich festzuhalten. Später und eher zufällig wurde aus diesen Notizen das Ausgangsmaterial für »Das Jahr der Liebe«, mein vielleicht schönstes, bestimmt das weitverbreitetste Buch, mit dem ich dann auch in Frankreich als Schriftsteller bekannt geworden bin. Es wurde, könnte man sagen, das Buch über das Schreiben genau dieses Buches, ich meine, das innerste Thema ist das schöpferische Gestaltannehmen, und die Zeit der Handlung ist die

Schreibzeit, das ist vielleicht etwas kryptisch ausgedrückt, aber was soll's.

Bevor wir zu Ihrer Rezeption in Frankreich kommen, interessiert mich noch etwas ganz Alltägliches: Wovon haben Sie in Paris gelebt? Sie sagten, Sie hätten Angst gehabt, in der Gosse zu landen.

Ich hatte die winzige Wohnung meiner verstorbenen Tante zwar noch nicht geerbt, da gab es Verwicklungen mit dem französischen Erbrecht, doch konnte ich darin kostenlos wohnen. Dann hat mir Friedrich Dürenmatt, von gemeinsamen Freunden angesprochen, für ein Jahr weitergeholfen, später kam ich zu einem Werkjahr, und bald setzte der Verlag wieder mit Vorschusszahlungen ein, nicht zu vergessen die Einkünfte von Lesungen, literarischen Auftritten etc.

Sie waren also nicht auf sogenannte Brotarbeit angewiesen?

In Zürich hatte ich eine Art Doppelexistenz geführt, ich arbeitete einen Teil des Jahres als Kunstkritiker für die Zeitung, des Öfteren rund um die Uhr mithilfe von Amphetaminen (die mir der Arzt verschrieb), um mir ein paar Monate oder auch nur Wochen Klausur fürs Romaneschreiben einzuhandeln, am liebsten weit von Zürich entfernt, abgerückt von dem ganzen Beziehungsgeflecht, das einen von der Arbeit abhält. Natürlich hätte ich auf andere Weise, zum Beispiel in der Werbung, leichtes Geld machen können, doch hat bei mir Geld als Verlockung nie eine Rolle gespielt, umso mehr war ich besessen von der Reinerhaltung der künstlerischen Lebensführung, Reinerhaltung vom Mammon unter anderem.

War solch ein Idealismus in Paris leichter zu leben als im letztlich doch eher materialistischen Zürich?
Ich denke schon, dass eine Stadt wie Paris einem ernsthaften (und ehrgeizigen) Schriftsteller, das heißt einem Künstler, den höchsten Anspruch an sich selbst abverlangt. Hier ist der Geist all der Vorgänger lebendig, die jeden, auch den fürchterlichsten Preis für ihre künstlerische Selbstwerdung zu zahlen bereit waren. Man wird bei jedem Schritt über das von Legenden durchtränkte Pflaster darin bestärkt, es ihnen nachzutun, alles auf eine Karte zu setzen. Ein solches Künstlerleben erfordert Radikalität, weil es die Intensität anstrebt, das wichtigste Kriterium in künstlerischen Dingen. Um dahin zu gelangen, bedarf es einer gewissen Gnadenlosigkeit sowohl sich wie, nur zu oft, den Angehörigen gegenüber, was nicht jedermann gefällt und einem leicht den Ruf eines überheblichen Egomanen einträgt. Was bei mir der Fall war, hinzu kam meine nur zu deutlich ausgestellte Obsession für erotische und sexuelle Fragen und Vorgänge, ein weiterer Anklagepunkt. In Frankreich gab es diesbezüglich keine Vorbehalte. Dahingegen wurden meine Sprachkunst, die novatorischen Aspekte und das höchstgradig Literarische meiner Prosa hervorgehoben – nebst dem für all das aufgebrachten persönlichen Einsatz.

Hat Paris – Sie also gerettet?

Man muss es nicht so pathetisch ausdrücken. Ich denke, ich wäre in der Schweiz nach »Stolz«, dessen Protagonist nicht von ungefähr ein Lebensverweigerer ist, nicht weitergekommen. Meine stofflichen Reserven waren erschöpft, und für die Selbsterneuerung fehlte die Herausforderung. Wartete ich auf die Katastrophe als Schubkraft? Ja, und außerdem habe ich wohl instinktiv van Goghs Rat an den Bruder (Theo), bei unersprießlichen Bedingungen helfe nur die Selbstverpflanzung, befolgt und in die Tat umgesetzt. Sie wissen, ich bin ein intimer Kenner van Goghs und mit dem Briefwerk vertraut. Nun, zum Glück war der Pariser Boden für mich fruchtbar. Das hat natürlich auch mit meiner urbomanen Veranlagung zu tun, mir kann eine Stadt ja nicht groß genug sein, ich suche die Überwältigung, nicht die trauliche Sicherheit. Darüber hinaus haben mich die Franzosen bald einmal so gut wie adoptiert. »Stolz« wurde mit dem Prix France Culture für das beste ausländische Buch ausgezeichnet und ich umgehend zum Chevalier des Arts et des Lettres gekürt. Eine große Ehrung bedeutete für mich der Eintrag in den »Larousse«, das maßgebende Lexikon mit nur 28 000 Eigennamen, die ganze Menschheitsgeschichte umfassend. Dazu große Veranstaltungen im Louvre (Auditorium) und in der Sorbonne etc. Wäre der Eintritt in das französische Literaturleben erfolgloser verlaufen, müsste man weniger von einer Wahlheimat als von einem Exil sprechen.

Paris, Sommer 2014

EDITORISCHE NOTIZ

Dieses Buch verdankt sich einer Anregung des Verlegers Andreas Rötzer. Es enthält zwei unveröffentlichte Texte: *Pariser Lebenslauf* und *Giacometti raumschauerlich* (im Kapitel *Figuren*). Das Gespräch habe ich mit Paul Nizon im August 2014 in Paris geführt, bei der letzten von drei mehrtägigen Arbeitssitzungen, in denen wir das Gesamtwerk Nizons auf Texte und Passagen mit Parisbezug durchsahen, die Fundstücke bewerteten, wo immer es nötig erschien redigierten und schließlich arrangierten. Die Aufsätze *Paris, mon amour* und *Meine Ateliers* sind dem Band *Taubenfraß* (Suhrkamp, 1999) entnommen. Der *Exkurs über die französische Frau* erschien zum ersten Mal in *Über den Tag und durch die Jahre* (Suhrkamp, 1991). Die Texte in den Kapiteln *Figuren* und *Stadtdenken* entstammen den Journalen (*Erstausgaben der Gefühle*; *Das Drehbuch der Liebe*, *Die Innenseite des Mantels*, *Die Zettel des Kuriers*, *Urkundenfälschung*, alle Suhrkamp, 1995–2012) und dem Roman *Das Jahr der Liebe* (Suhrkamp, 1981). Die finale Anordnung der Texte in diesem Buch wurde von Paul Nizon besorgt.

INHALT

Erste Auflage Berlin 2015

Alle Rechte vorbehalten.
Copyright 2015 © dieser Ausgabe
MSB Matthes & Seitz Berlin Verlagsgesellschaft mbH
Göhrener Straße 7, 10437 Berlin
Copyright © der Texte Paul Nizons von S. 16 bis S. 76 und S. 83
bis S. 143 bei Suhrkamp Verlag, Berlin
Mit freundlicher Genehmigung

Umschlaggestaltung: Dirk Lebahn, Berlin
Druck und Bindung: Friedrich Pustet, Regensburg
ISBN 978-3-95757-001-7

www.matthes-seitz-berlin.de